湛庐 CHEERS

与最聪明的人共同进化

HERE COMES EVERYBODY

CHEERS
湛庐

成为敏捷数字化企业

THE AGILE DIGITAL ENTERPRISE

[美] 安东尼奥·乌尔奎萨 著
Antonio Urquiza

管婷婷 徐 毅 译

浙江科学技术出版社·杭州

测一测

企业如何在未来竞争中获得“颠覆力量”？

扫码加入书架
领取阅读激励

- 以下哪项是敏捷数字化企业的特征？（单选题）

  A. 重点依靠内部人员搞创新

  B. 依据高层管理者的经验做决策

  C. 人工智能全面覆盖基础工作

  D. 采用持续反思、持续改善工作方式的理念

扫码获取全部测试题及答案，
一起踏上敏捷数字化企业
转型之旅

- 以下哪项不是敏捷数字化企业的文化特点？（单选题）

  A. 尊重个体

  B. 欣赏团队成就

  C. 等级思想

  D. 任人唯贤

- 在向敏捷数字化转型的过程中，企业应该遵循的关键原则是什么？（单选题）

  A. 以员工的个人利益为重

  B. 以客户的满意度为重

  C. 以组织的整体利益为重

  D. 以市场份额为重

扫描左侧二维码查看本书更多测试题

企业数字化转型的组织变革指南

陈 果
企业知识开源计划创始人
原波士顿咨询 Platinion 董事总经理
原 IBM 咨询全球执行合伙人

这是一本借用了“商业模式画布”的画布方法来讲企业数字化转型中的组织变革的书。“商业模式画布”可能是首创了用“画布”这种方法来结构化地简单展示复杂的企业课题，它阐释了企业业务战略的课题。除此之外，我还见过“数字化战略画布”等其他画布品种，现在，有作者用画布来展示组织变革的问题。

这本书的书名稍微有点迷惑性，又是“敏捷”，又是“数字化”，看起来像是一本技术书籍，实际上这本书的内容是一本讲企业数字化转型的组织变革指南。

在管理学理论上，企业开始广泛关注组织管理是从二十世纪七八十年代开始的。当时的时代背景是美国经历了石油危机，由于遇到新兴的日本经济的挑战，美国大企业都在寻求企业振兴。两位麦肯锡顾问汤姆・J. 彼得斯（Thomas J．Peters）和小罗伯特・H. 沃特曼（Robert H．Waterman）在研究了美国经营卓越的大公司后，提出了企业组织的 7 个要素（简称 7S 模型）为研究的框架，总结了这些成功企业的共同特点，写出了《追求卓越——探索企业成功的特质》（*In Search Of Excellence*）一书。

7S 模型指出了企业在发展过程中必须全面地考虑各方面的情况，包括结构 (Structure)、制度 (System)、风格 (Style)、员工 (Staff)、技能 (Skill)、战略 (Strategy)、共同价值观 (Shared Value)。这 7 个要素的综合考虑是业务战略和计划得以执行的基础。

这个模型解决的是组织效能问题，这个理论出现之前，组织被认为只是职责分工和汇报关系，这个模型指出了组织的效能，包括组织的“硬件”——战略、结构和制度，和“软件”——风格、人员、技能和共同价值观。

自 7S 模型提出之后，管理学术界提出了若干组织效能和组织转型的理论框架，并且被大企业所采用，坦白说，我个人认为这些理论流派的精神实质差别并不大，就是把 7S 模型的积木块用不同的方法拼来拼去。例如，有名的“纳德勒 - 图什曼一致性模型”（ Nadler-Tushman Congruence Model）在 20 世纪 80 年代末期提出的原理：一个团队或组织只有在工作设计、执行工作的人员、组织结构和文化这 4 个方面相互契合，形成一致时，才能成功。如果这 4 个关键元素之间存在不一致或契合度差，组织就会出现问题。

- 工作（Work）：组织内的任务、流程和活动。
- 人员（People）：包含个人和团队的技能、能力和行为。
- 结构（Structure）：组织的正式层次结构、角色和报告关系。
- 文化（Culture）：塑造组织行为的共同价值观、规范和信念。

这个一致性模型到 2003 年，就成为 IBM 用来做战略执行管理的业务领导力模型（Business Leadership Model）的核心部分，简称 BLM，在国内由于华为、TCL、顺丰等大型企业引进了这套方法，使得 BLM 广为人知。国内的其他组织变革理论，例如阿里的“6 个盒子”，也都是用了与其大同小异的方法。

本书仍然是承继了 7S 模型、一致性模型的组织转型的理论和方法，特别的是，这些方法被放到了企业数字化转型的大背景下。企业数字化转型的终极引导是商业模式的变化，即企业收入和利润构成方式、价值链形态的变化，而使能方式则是各种技术解决方案——全面上云的、模块化、可以灵活组合的企业软件能力（技术的说法叫“微服务”），大数据、物联网、人工智能等；连接商业模式和使能技术之间的，就是组织转型。在数字化上下文中的组织转型，就是敏捷组织转型，它的构成要素和传统组织转型并无不同，仍然是组织结构、绩效评价、文化氛围等，不过敏捷组织转型和传统组织转型在这些要素上呈现出来的特征却有着一些关键差异：

- 响应变化：
    - 敏捷组织：敏捷组织以市场为中心，快速响应市场变化，它们通常具有较短的决策周期和高度的灵活性。敏捷组织鼓励创新和实验，能够迅速试错并调整策略。
    - 传统组织：传统组织以内部管理视角为中心，转型往往较为缓慢，它们可能因为层级结构和复杂的决策流程而难以快速适应变化。

- 组织结构：
    - 敏捷组织：敏捷组织倾向于扁平化结构，强调跨职能团队的合作，团队成员通常围绕特定的项目或目标进行组织。
    - 传统组织：传统组织通常具有层级结构，决策权集中在高层管理者手中，部门之间可能存在较多的壁垒。
- 决策流程：
    - 敏捷组织：决策通常更加分散，授权给前线团队，以加快响应速度和提高效率。
    - 传统组织：决策往往集中化，需要经过多个层级的审批，这可能导致决策过程缓慢。
- 员工赋能：
    - 敏捷组织：敏捷组织强调员工的自主性和创新性，鼓励员工积极参与决策过程，并对结果负责。
    - 传统组织：传统组织可能更侧重于遵循既定流程和规则，员工的自主性可能受到限制。
- 变革管理：
    - 敏捷组织：敏捷转型倾向于采用迭代和增量的方法，通过小步快跑的方式逐步实施变革，这样可以快速获得反馈并进行调整。
    - 传统组织：传统转型往往采用更为线性和阶段性的方法，变革按照预设的计划逐步推进。

本书中提到的商业转型画布的英文原文叫“business transformation

canvas”，business 这个词如果对应到中文，既可以翻译成“生意”“商业”，也可以翻译成“企业”，所以本书所说的商业转型画布，我个人觉得并非是说的中文语境里的“商业”，而是讲的企业组织变革，这也在书名“成为敏捷数字化企业”中被揭示，所以简称为 BTC 的这个工具，如果叫“企业组织转型画布”，可能会更直观地抓住读者的第一注意力。

穿透数字化的概念迷雾，看清转型背后的核心逻辑

孙振鹏
EXIN 国际信息科学考试学会亚太区总经理
iFDC 国际数字化能力基金会全球副主席

《成为敏捷数字化企业》为企业和组织在数字化时代实现敏捷转型提供了极具实用性的工具——商业转型画布（BTC 框架）。书中清晰地阐述了这一框架如何帮助企业成功实现敏捷数字化转型，尤其是帮助那些面临日新月异技术挑战的传统企业。

在谈到敏捷和数字化转型时，互联网公司和数字原生企业往往已经具备了平台式的商业模式、扁平化的组织结构和开放的文化，因此无须再进行大规模的转型。而真正需要变革的，往往是那些传统企业。近年来，随着云计算、大数据、物联网、人工智能和区块链等技术的涌现，许多企业将数字化转型的重心放在了这些新技术上，却忽视了商业模式创新和运营

模式优化。更有甚者，一些企业将敏捷和数字化转型仅仅当作一个技术升级项目，交由 IT 部门牵头。然而，许多传统企业的 IT 部门并不直接面向客户，而是服务于内部业务部门，这样的安排往往导致转型失败。正如麦肯锡的一份报告指出，全球数字化转型的失败率高达 80%。我们应当吸取失败的教训，透过全局视角系统地看待敏捷数字化转型。

《成为敏捷数字化企业》通过商业转型画布，帮助企业穿透数字化的概念迷雾，看清转型背后的核心逻辑。数字化的本质并未改变商业的根本逻辑——企业通过满足供需关系创造价值。无论是通过创新商业模式实现业务增长的“开源”，还是通过优化运营模式降低成本、提高效率的“节流”，无论是敏捷或是数字化仅仅是一种实现价值创造的途径，而非最终目标。

致力于成为敏捷数字化的企业也可以将“商业转型画布”与国际数字化能力基金会（iFDC）发布的 VeriSM 知识体系中的“管理网格”模型配合使用。这二者完美结合和相互补充，企业可以基于内部资源、外部环境、管理实践和新兴技术更全面地制定数字化战略，从而实现商业模式的创新以及运营模式的优化。

本书中介绍的商业转型画布通过 10 大组成要素和 62 个构件，全面勾勒出企业的商业转型路径。它能够帮助企业进行现状分析，明确转型后的目标状态，识别差距，并根据能力差距分析制订量身定制的行动计划。正如我们所知，数字化转型没有标准答案，也没有捷径，但通过本书，你将找到一条最适合你企业的数字化转型之路。

在快速变化的时代提高企业敏捷性

管婷婷

在这个快速变化的时代，企业面临着前所未有的挑战。全球化的竞争、技术的革新、消费者需求的多样化，以及日益复杂的市场环境，都对企业的运营和管理提出了更高的要求。为了更好地应对变化，企业必须具备更高的敏捷性，具备持续地进行数字化转型的能力。

然而构建这些能力，却是一件相当复杂的事情。通过观察我服务过的企业，我认为无法提升敏捷性、无法持续地进行数字化转型的企业中，都普遍存在以下几个现象：

缺乏清晰的战略：企业可能没有一个明确的数字化转型战略，或者战略没有得到充分的沟通和理解，导致转型方向不明确。

组织文化抵抗：传统的企业文化可能抵制变革，员工可能对新技术和新流程持怀疑态度，不愿意改变现有的工作方式。

技术选型错误：选择不适合企业需求的技术解决方案，或者盲目追求最新技术而忽视了实际应用的可行性和成本效益。

数据管理和安全问题：数据治理不力，数据安全和隐私保护不足，可能导致数据泄露或其他安全事故。

人才和技能短缺：缺乏具备数字化技能的人才，现有员工可能需要重新培训以适应新的技术和流程。

资源分配不当：资源（包括资金、人力和时间）分配不均或不足，导致转型项目无法顺利进行。

忽视客户体验：在转型过程中忽视了客户的需求和体验，未能将客户置于转型的核心。

过度依赖外部供应商：过度依赖外部供应商或咨询公司，缺乏内部的转型能力和对供应商的过度依赖可能导致项目失控。

缺乏持续创新：数字化转型不是一次性的项目，而是一个持续的过程。企业可能在初期投入大量资源，但未能建立持续创新和改进的机制。

这些现象的存在是企业发展的绊脚石。然而对于大部分企业而言，很难具备转型所需的专业知识，从而在制订转型计划之初，就能全盘考虑各种要素，综合评估多项指标，制订出一个全面的、清晰的转型计划。我相信《成为敏捷数字化企业》这本书作者，正是看到了这个问题，充分了解它的严重性，才写了这本书，在书中提出了针对性的解决方案。

《成为敏捷数字化企业》为大家介绍了数字化转型画布这个综合性的规划工具，它脱胎于商业模式画布，与商业模式画布一样，它具有一系列相互关联的组建。这些组件是专门用来指导企业进行全面的数字化转型的，其中包括了明确企业的目标和愿景、优化客户体验、定义独特的价值主张、设计创新的商业模式、规划高效的运营模式、构建适应性强的组织结构、搭建支持业务的技术架构、利用数据和分析驱动决策、培养支持变革的人才和企业文化、建立互利的生态系统和合作伙伴关系、实施有效的变革管理、识别和管理风险以及设定衡量转型成功的绩效指标。

这些组件共同构成了数字化转型画布的基础，帮助企业全面理解和规划其转型旅程。通过这个画布，企业可以确保其转型策略是全面的，并且这个转型策略能够应对不断变化的市场和技术环境。此外，画布还包括制定详细的实施路线图和时间表，帮助企业制订科学、合理的计划，确保转型过程有序进行。通过这些组件的协同作用，数字化转型画布帮助企业在不断变化的市场和技术环境中保持竞争力，实现长期的成功和增长。

除提供了一个具有极强操作性的战略规划工具外，书中对于如何构建一个更加灵活和创新的企业文化进行了深入的探讨。它强调了在数字化转型的过程中，企业需要重新审视自己的商业模式、组织结构和文化，以适应不断变化的市场环境。它还指出，企业要想在激烈的市场竞争中立于不败之地，就必须培养一种鼓励创新、容忍失败、快速学习和适应变化的文化，也就是敏捷的企业文化。这对于激发员工的创造力和积极性、提高企业的创新能力具有重要的指导意义。这对于正处于转型期的企业来说，无疑是一盏指路明灯。

与同领域的其他书籍相比，《成为敏捷数字化企业》的特点也很鲜明。它具有很强的可操作性，作者的语言风格清晰、逻辑严谨，让复杂的管理理论变得易于理解和接受。

在翻译这本书的过程中，我深刻体会到了作者对于企业管理的深刻洞察和丰富经验。书中的每一个观点、每一条建议都凝聚了作者的智慧和心血。我相信，对于每一位企业管理者、决策者，甚至是对企业管理感兴趣的普通读者来说，这本书都是一份宝贵的知识财富。

最后，我要感谢湛庐给予我这个机会，让我能够将这样一本优秀的作品介绍给中国的读者。同时，我也要感谢所有参与本书翻译和编辑工作的同事，没有他们的辛勤工作，这本书的中文版本是无法与大家见面的。

祝愿每一位读者都能从这本书中获得知识，得到启发，为自己的企业和个人发展开启新的篇章。

在挑战中寻求新的机遇

能够在中国出版此书，我深感荣幸。我由衷地希望这本书能为当前正面临挑战的企业，以及那些需要不断自我革新以抓住机遇的中国企业提供帮助。

更令人兴奋的是，本书的中文版在龙年出版。我希望这本书能进一步激励各组织及其领导者满怀信心地寻求新机遇，并使利益相关者和社会从中获益。

自 2020 年 1 月本书英文版首次出版以来，全球发生了许多事情：疫情、通货膨胀、战争，以及地缘政治局势紧张等。此外，技术（尤其是人工智能和生成式人工智能）的巨大进步和与气候变化相关事件的加速发展也非常明显。于是，毫无意外地，根据国际货币基金组织（IMF）2024 年

4 月的预测，“2023 年全球经济增长预计为 3.2%，并预计将在 2024 年和 2025 年保持这一增速”。此外，国际货币基金组织还预测，“五年后全球经济增长为 3.1%，处于几十年来的最低水平”。

不过，中国以及许多其他地区的组织与以往相比已经变得更有韧性，对未来也做好了更充分的准备。这是一个巨大的成就，它无疑为转型提供了动力，但同时我们必须保持对转型的紧迫感。

本书为那些有意识积极、主动地进行商业转型的组织提供了一个框架。通常，组织只会在面临一些可能导致它们最终走向失败的情况时才进行变革和转型，而此时，这也往往是它们的唯一选择。本书鼓励组织采取敏捷的方法，以愿景为导向，以机遇为动力，制定转型议程。

鉴于前面提到的事件和书中讨论的宏观趋势，在过去几年中，市场和供应链都经历了重大的调整。中国的组织越来越意识到通过采用加速设计、新的商业模式和以客户为中心的创新，可以在端到端的价值链中重新定位自己。这些组织也理解追求敏捷运营模式的重要性，这种模式是通过大规模实施技术、利用数据支持创新和组织内部人员发挥关键作用来实现的。同样，他们也认识到，需要扩大与生态系统合作伙伴的合作、部署卓越运营和坚持可持续实践。

在这种现实背景下，中国组织的领导者可以使用“商业转型画布”（Business Transformation Canvas，BTC）来重塑他们的组织，实现他们的战略愿望。组织的领导者可以通过这本书，共同解决组织面临的许多问题，以促进组织的转型。

商业转型画布的灵感来自亚历山大·奥斯特瓦德（Alexander

Osterwalder）和伊夫·皮尼厄（Yves Pigneur）在他们的《商业模式新生代》（*Business Model Generation*）一书中提出的著名的“商业模式画布”（Business Model Canvas）的概念。商业模式画布以图画的形式展示了组织在建立商业模式时需要正确分析和定义的重要领域。画布的形式之所以能大获成功，不仅因为它简洁明了，易于捕捉关键概念，还因为企业领导者明白，竞争的基础已经发生了重大变化，因此商业模式创新成为一种强有力的竞争杠杆。

同样，商业转型画布旨在为你和你的领导团队在开始业务转型时需要考虑的重要方面建立清晰的分组。由于商业转型画布是由愿景驱动的，因此在设计上，它支持从愿景出发的逻辑思考顺序。然而，由于组织所处环境是动态的，使用商业转型画布的过程中也要采用敏捷方法的反馈循环来重新评估、调整和不断重塑先前定义的要素。

本书所传达的并通过商业转型画布支持的核心理念是重塑当前组织，并创建一个目标（未来）状态的转型组织。本书使用“敏捷数字化企业”（Agile Digital Enterprise，ADEs）来代表目标状态下的转型组织。

商业转型画布的图形展示了跨越 3 大区域中的 10 大要素。这些区域分别代表了企业预期的目标状态（敏捷的数字化企业）、当前状态和组织转型过程中采取一系列措施的过渡区域。在商业转型画布的构件中，你将找到共计 62 个构件，包含了转型历程的各个方面。

当你和你的团队在使用商业转型画布框架（Bussiness Transformation Canvas process，BTC 框架）时，本书还将帮助你评估组织在成为敏捷数字企业的过程中不同时间的成熟度。这种成熟度水平由敏捷数字化企业指数（Agile Dgital Enterprise Index，ADEs 指数）表示，它可以在转型之旅的起点（即企业当前状态）、转型的目标状态和在转型过程中的过渡区域进行计算。值得一提的是，在定义目标状态时，预期的成熟度水平没有对错之分。合适的成熟度水平是代表组织配置及其满足你的愿景和战略愿景时所需的水平。

BTC 框架是你转型的“指南”，而不是一套强制性的规则和步骤。当你和你的团队使用 BTC 框架时，请记住，其目的之一是为转型提供必要的灵活性。例如，如果某些商业转型画布要素（Business Transformation Canvas element，BTC 要素）与你所在组织的相关性较低，那么你可以对这些要素进行较少的定义，但一般不建议跳过这些要素。

在使用 BTC 框架时，你还可以灵活地自由选择不同方法来扩展 BTC 要素。尽管本书中有一些业务框架和方法论的示例，但它们仅仅是作为示例提供的，谨供你在转型过程中参考。我鼓励中国的组织选择和应用最适用的和熟悉的方法。转型中真正重要的是制定共同的愿景，在 BTC 要素中对目标状态或转型后的组织进行清晰而深入的定义，理解组织自身转型的起点，并严格按照转型路线图执行。

在中文版序的最后，我要感谢湛庐的出版团队邀请我在中国出版这本书，并在整个出版过程中给予我大力支持。感谢译者管婷婷和徐毅为本书做的精彩翻译。

我坚信，通过发挥你的组织中员工的创造力和决心，你的组织在业务转型中付出的努力将会使愿景得以成功实现。我希望本书能为你的转型之旅贡献绵薄之力。

重塑企业的关键时刻

重要的不是发生了什么，而是我们该如何应对。

——爱比克泰德[1]

乱而取之。

——孙武

想象一下这样一个场景。

周一清晨，你刚到办公室，打开《华尔街日报》网站浏览新闻。网站

① 爱比克泰德（Epictetus），古希腊四大哲学学派之一的斯多葛派后期的哲学家之一，是继苏格拉底之后对西方伦理道德学说的发展做出最大贡献的哲学家。——编者注

的首页上有篇文章，描述了一个数字原生的非传统的竞争对手刚刚宣布与一家业内很有声望的公司合作，目的是进入你的行业，并从根本上颠覆现有市场格局。

你从没有想过这样开始新的一周。你今天的日程本来排得满满的，你要跟各业务部门主管一起审查绩效方面的事情。然而，这时候，你知道你不能再按照原有的计划正常工作了。

几个月来，你和高管团队一直在讨论客户、市场和数字化趋势，但尚未深入探索在满足新客户需求的同时，数字技术可能给组织带来什么样的影响和机会。你的高管团队把大部分时间都花在救火和日常的业务运营上。由于各种原因，组织的管理工作大部分集中在相对传统的业务上，而不是展望未来和探索更具发展潜力的转型类型的项目上。

当高管赶来参加上午 9 点的会议时，你要求他们先把准备好的各种演示材料拿开，集中精力分析这个突发事件，以及它对你们组织产生的影响。现在可不能浪费时间去审查原先准备好的报告中的那一大堆滞后数据了。

在对这个话题进行了深入的讨论之后，高管团队意识到必须立刻行动起来。大家一致认为，管理团队需要从根本上重新审视组织迄今为止一直在做的假设，并就新的机会、发展方向及如何从现有状态开始转型展开诚实的对话。

高管团队决定，组织应该立刻开始一段探索之旅，为此需要建立一支协调行动的领导团队。这段探索之旅需要各部门决策人员的参与和支持，以便在接下来的 3 个月内对组织完成初步评估。高管团队同意在年中举行的董事会会议上提交一套方案供董事会审议。

高管团队必须进行的初始工作有两项：一是关于领导这项工作的团队的组成；二是在评估期间应该采取哪种方法。按照这个思路，大家同意授权战略规划和项目管理办公室制订一份提案，供下周高层领导团队开会时审议。此外，为了增强团队的能力、确保对这项工作有一个公正的评估，管理团队批准引入一个由转型专家组成的顾问团队。这些专家将提供方法支持，促进活动进行，挑战团队的思维，记录研究结果并为组织转型提出建议。此外，在可能的情况下，这次活动还应该包括外部的价值链合作伙伴和其他相关生态系统的参与者，以进一步扩大团队的视角。

尽管这是一个应急的演练举措，但让高管团队感到自豪的是，他们并没有被刚刚了解到的事件吓倒，而是兴奋地开始为能让组织创造新未来的探索之旅做准备。他们深信：新的探索过程不仅会提高他们的运营能力、改变运营方式，而且还会挑战他们对组织的自我认知，并有希望引导组织变得更加灵活、更具创新能力。

离开舒适区，开始探索之旅

经过一番考虑，我决定离开咨询行业，在法国的斯特拉斯堡和德国的斯图加特短暂“休假”，完成了这本书，同时，还对自己未来的职业规划进行了广泛而深入的思考。我认为这是一个进行反思和寻找新出路的最恰当的时间，这些想法可以帮助商业领袖从不同角度以积极的态度来看待今天发生的变化，然后通过重塑他们的组织来抓住机遇。

作为商业转型领域的一名专业人士，写书的这段时间也是我进行自我反思和转型的时期。我确信，只有我在个人层面上实践过这一过程后，我在鼓励其他组织进行重塑时才是可信的。尽管我没有在书中详细描述我的思路历程，但我可以诚实地告诉你，这些实践经历是全方位的，它解决了我在学习和探索过程中遇到的各个方面、各个角度的问题。与前面虚构的演练场景类似，充满机会的未来在向我招手，我有充分的理由离开舒适区，开始我的探索之旅。

正如虚构演练场景所传达的那样，一旦管理团队决定采取行动，他们就需要一个明确的框架来指导他们完成这个旅程。

沿着这些思路，我希望通过这本书能为你带来以下两方面的贡献。

- 解决关于转型成“什么样”的问题，我推荐管理团队考虑采纳被我称为“敏捷数字化企业”组织体系的概念和原则。本书描述了敏捷数字化企业体系的各项属性。
- 用商业转型画布作为指导你“如何”转型的框架。

关于前一方面的贡献，尽管当前新兴技术带来了非凡的力量，但我们的想法是实现目标状态，这个目标的实现是由基本信念所驱动的，即创建良性且自我增强的循环过程。这个循环以组织的目标和人员为中心，技术是实现目标的赋能工具，而不是目标本身。我们可以总结如下：我们通过建立一个以目标为导向的组织来激励员工的热情……在设计良好、高效、稳健的流程中有效地工作……并将员工的生产力和创造力导向到如何更好地为客户服务……且通过技术的支持和赋能来实现……（这个过程中可能受制的范围只有管理团队的抱负和想象力。）

因此，遵循上述原则的敏捷数字化企业就是我推荐的目标状态。本书鼓励领导团队考虑这种组织体系和框架，并根据具体情况适当采纳。本书还将引导你通过对一系列问题进行反思，以及用一个框架来帮助领导团队找出组织对通用成熟的敏捷数字化企业概念和原则的适用程度。

关于后一方面的贡献：商业转型画布改编自商业模式画布。本书商业转型画布的图示制作均遵循“创意共享署名 - 相同方式共享 3.0 无端口许可”（the Creative Commons Attribution-Share Alike 3.0 Unported Licence）。在这里，商业转型画布为转型提供了实用的步骤（BTC 要素），也为转型组织的愿景、概念定义、设计和具体化提供了广泛的考虑因素，这个因素在本书中称为“构件”（building blocks）。

重要的是试验、持续学习和反馈循环

商业转型画布是一个专注于转型过程的框架。该框架的目的，即本书的目的，并不是要限定你需要为转型的每一个考虑因素（构件）去具体使用哪种方法。管理类书籍中有很多很好的方法论可供选择，BTC 框架鼓励领导团队选择更熟悉的、更适合的且对你所在组织转型更有意义的具体方法。

本书的第一部分讨论了组织的目标状态，因为组织转型的目的是将自己转变为一个敏捷数字化企业，这种情况在商业转型画布中有 3 个相关的 BTC 要素需要解决。

本书的第二部分着重关注了对组织现状的评估，领导团队需要在评估中以坦诚的态度来看待组织在成为一个敏捷数字化企业的过程中所面临的差距。这种情况在商业转型画布中也有 3 个相关的 BTC 要素需要解决。

本书的第三部分对商业转型画布中的差距分析要素及过渡阶段进行了深入的研究。关于后一点，它描述了组织为了弥补差距的一系列必要干预措施如何以迭代的方式在更细节的层面上创建和完善组织的细化目标状态，以及实现敏捷数字化企业这一目标状态的转型路线图。这种情况在商业转型画布中有 4 个 BTC 要素需要解决。

本书第四部分提供了一个综合的视角，讲述了商业转型画布的不同要素是如何以持续迭代的方式组合在一起的。这部分还强调了转型是一个持续的旅程，需要持续不断的、主动的管理。

本书的读者主要包括高层领导者（公司、业务部门或职能部门的负责人）、咨询师和学术界专业人士。尽管书中许多原则确实适用于公共非营利性组织，但大部分读者是在营利性组织里运用这些原则。尤其是那些有一定历史的、传统的以营利为目的的组织，更重要的是，这些组织的目标可以为更大范围的利益相关者（员工、客户、生态系统参与者、社区，甚至全世界）带来利益。

如前文所述，商业转型画布的目的是提供一个简单的框架，帮助领导团队把组织重塑为敏捷数字化企业。组织在成为成熟的敏捷数字化企业的过程中，通过与特定的目标和愿景保持一致，充分利用在人员、流程和技术领域的优势，释放倍增效应，实现持续发展。

书中的“组织”和“企业”这两个词在大多数情况下可以互换使用。在某些情况下，结合适当的背景，“组织”也可以指企业的一个子集，即企业的业务部门或其他职能部门。

鉴于转型的目标是让组织部分或全部成为敏捷数字化企业，在转型过程中，重要的是试验、持续学习和反馈循环。同样，本书原书的制作也采用了这个原则。因此，本书原书应该被看作最小可行产品[①]，这也意味着本书在未来将会进行更新和扩展。

我期待着收到你在阅读本书并将 BTC 框架应用于转型时的反馈、评价和经验总结。

祝愿你和你的团队一切顺利，在转型之旅中取得成功！

① Minimum Viable Product（MVP），一种产品开发策略，其核心理念是在最短时间内，用最少的资源，构建出一个能够满足目标市场核心需求的产品原型。——编者注

目 录

THE AGILE DIGITAL ENTERPRISE

引　言

THE AGILE DIGITAL ENTERPRISE

在全新的竞争模式下抢占先机

今天试图逃避的责任，明天也不会消失。

——亚伯拉罕·林肯

殷勤筹划的，足致丰裕。行事急躁的，都必缺乏。

——《旧约·箴言 21:5》

如今的组织面临着日益复杂的环境。领导团队不但需要努力制订一系列连贯的计划应对来自内部和外部的各种挑战，还需要抓住发展的机遇。

从外部视角来看，竞争正迅速从不同方向和领域涌来。传统的竞争监测方式依赖于对同一行业和同一地域的竞争者的密切观察，但随着全球化和经济开放水平的提高，组织收集竞争对手情报时还需要关注那些在全球范围内寻求扩张的海外竞争者。特别是那些来自低成本地区、用较低的价格逐步获得市场份额并提升品牌认可度的同行。面对竞争，一种典型的应对战略是分析行业结构并根据自身情况从三大通用竞争战略中选择其一。

此外，一些行业中的新进入者有时会采用颠覆性的创新方法来为自己创造机会，他们的这种操作方式把行业中的现有企业打得措手不及。而这些现有企业往往会忽视那些采用较低价格或较低价值主张起步的竞争对手。他们没有注意到这些新进入者在保持成本优势的同时也在迅速地改进产品的质量和性能。因此，在相对较短的时间内，新进入者颠覆了行业的竞争格局。在众多行业中，航空业就是一个典型的例子。

我们现在已经进入了一个全新的竞争模式，现有的组织正在被数字原生新进入者或者其他来自完全不同行业的现有组织所颠覆。第一类中最著名的例子包括爱彼迎（酒店业）、优步（Uber，运输业）和亚马逊（多领域参与，最近是在食品杂货领域）。这些公司都非常关注客户体验，并且把握了客户在消费过程中的每一个关键互动。正如德国软件公司思爱普（SAP）前首席执行官比尔·麦克德莫特（Bill McDermott）曾说过的那样，今天的客户在希望获得的体验与实际获得的体验之间进行对比时，感觉有一个巨大的“体验差距”。根据麦克德莫特的说法，这种“体验差距”代表了一个价值 1.6 万亿美元的问题。

在这种情况下，无论是从应对竞争的角度还是从寻求机会的角度出发，现有的各组织都需要对深入的评估或审视持开放态度。如果组织想在这个新的市场上取得成功，就需要审视组织自身的心智模式、假设、战略、商业模式和工作方法，同时解决自身内部存在的问题。

颠覆力量带来的 10 个重大趋势

数字原生组织和其他许多有远见的新进入者正在利用新技术让组织加速发展，同时他们也利用这些新技术帮助组织以全新的方式创造价值。当这些组织使用数字技术来定义并完善他们的价值主张和商业模式时，他们明白，组织可以达到的范围或边界已经大大扩张了。围绕市场的主要趋势，这些组织在全球范围内集中精力、迅速调整他们的策略和重心。

正如安永会计师事务所在2018年发布的一份引人入胜的报告《颠覆的创新——接下来会发生什么？》（*The Upside of Disruption-What's Next After What's Next*）中描述的那样，在未来10年内，有10个大趋势值得关注。这些趋势源自3个主要颠覆力量，即人口、全球化和技术，这三者之间相互作用，催生了变革的浪潮。

根据安永会计师事务所的报告，“新一波主要颠覆力量之间的交织，以及大趋势本身之间的叠加，创造了新的大趋势和未来的工作领域。我们只有了解了其中的关联程度才能应对颠覆”。为了让人们对安永会计师事务所提出的大趋势有更多的了解，我在表0-1中的左侧列出了这些趋势，在表格的右侧对应增加了一些相关趋势需要考虑的因素，结合本书的内容讨论了这些趋势可能会给你的组织带来的影响和机遇。

表0-1 10个大趋势及其主要影响和机遇

大趋势	主要的影响和机遇
重新定义行业	本书前言中曾举例说明，行业之间的竞争边界正变得模糊。你的竞争对手可能来自完全不同的领域，而且行业准入成本在云平台及其他技术、众包、众筹等的辅助下大大降低。技术正在推动包括客户获取成本和生产成本在内的许多业务流程的边际成本接近于0 当你考虑新的商业模式和赋能技术时，你的组织在相邻和非相邻的领域可以获得哪些价值创造机会？
未来工作	随着机器辅助和取代人类，工作场所将发生重大变化。未来工作的趋势中存在的机会是组织要培养一种保护员工而不是只注重任务或工作的心态，并将敏捷的方法和原则融入员工的工作中。未来工作的重点是让企业的员工有效地掌握开展创造性和获取洞察力的活动所必需的技能，同时这些活动应该得到自动化的支持（例如在重复性的任务或规则明确的任务上），以及通过强大的人工智能应用程序和算法来辅助完成 如果你所在的组织内培养了大批的数据分析技术人员和“敏捷原则的践行者”，你的组织会获得哪些机会？

续表

大趋势	主要的影响和机遇
超级消费者	消费者的期望值逐步提高。他们将越来越多地在数字技术和人工智能的帮助下获取产品和服务，并决定是否对品牌保持忠诚。他们对品牌的价值观、端到端客户体验、品牌参与度等方面的期望值将持续上升。此外，我们还要考虑在许多发展中国家和欠发达国家存在的大量拥有互联网设备和移动技术的新兴中产阶级，这些消费者可以为你的组织带来机会，他们不仅是客户，还有可能成为员工或众包合作伙伴 你的那些被数字化赋能的客户有哪些新的（或潜在的）问题？他们有哪些需求需要你来解决？你的组织如何利用试验的心态和技术来解决这些问题？
行为设计	产品和服务的设计不仅要满足新的客户需求，还要考虑技术不断融入产品给客户带来的担忧。组织通过设计解决方案促使人们的行为方式更合理，从而改善了人们的健康、生活方式和其他人生的重要事项。这个过程蕴含着巨大的机会。我们还需要考虑新技术如何在尊重客户、保护客户的隐私和安全的前提下提供卓越的产品和服务 你的组织能够满足哪些更高层次的客户需求，从而进一步使你的产品与众不同？
适应性的监管	在通常情况下，组织内的监管措施往往会大大滞后于技术的进步。因此，你的组织应该努力创造一个更加动态、更有针对性的监管环境来面对新出现的问题。现在，越来越多的争论聚焦于对数据使用过程中的责任和客户产生的数据的财产权的监管。请领导团队务必思考这种趋势，不要认为组织还有很长的时间来建立监管的新规则和新边界 你的组织是否积极、主动地采取行动应对适应性的监管这一趋势？
重新建构城市	各种巨大的社会挑战，如气候变化，将要求我们重新思考如何设计和调整我们的城市布局。新兴技术以各种方式出现在我们生活中的不同领域，如交通领域，并将在重塑我们的生活和工作场所的过程中产生更多的机遇 你的组织如何从客户、员工、组织资产和合作伙伴等角度出发利用重新建构城市这一趋势？
创新社区	技术将使我们的生产和创新去中心化。由于不需要面对太多由可持续发展带来的挑战，较小城市的一些社区在得到某些组织的强力支持后，将会创造出新的生态系统，从而吸引和留住人才 在你的组织所处的环境中，有哪些社区在你组织的适当支持下有可能创造这样的生态系统？

续表

大趋势	主要的影响和机遇
重新定义健康	除人工智能和实时健康监测设备激增之外，我们还将会看到能够让医疗变得高度个性化的技术的大量应用。此外，我们最近观察到，在针对慢性疾病的治疗方面，医疗行业取得了重大进展，这些成果将极大地延长人类的寿命 如果人类的平均预期寿命在将来的二三十年内增加到 100 岁，这对你的组织来说意味着什么？
食物种植设计	前文提到的安永会计师事务所的报告中还描述到："数字化赋能的垂直农场使生产与气候脱钩，使食物能够在越来越多城市的需求源头生产，并且可以不使用杀虫剂或除草剂，满足消费者对产品在新鲜、本地化、有机和生产透明等方面的偏好。"结合生物技术和医学的进步，食品也可以高度个性化，根据客户的基因构成来定制食物 你的组织在"食品价值链"中的角色是什么（如果有的话）？你如何利用这一趋势？
分散经济	随着高速互联网的普及和 3D 打印等技术的出现，经济活动，尤其是制造业将变得更加去中心化。这种趋势已经开始在能源生产领域出现，例如用户出售通过太阳能发电获得的多余的电能，这种现象也将扩展到其他经济领域 一个更加分散的经济环境对你的组织有什么影响？

如果你仔细考虑上述大趋势，你可能会获得所在组织曾经一直纠结的一些基本问题的答案，并因此为价值的创造打开新途径。你一定已经注意到了，这些大趋势不但影响了需求侧（日益增长的具有多种选择需求的客户群体对更可持续的社区、更优质的食物、更健康和更有意义的生活的期望等），而且也影响了供给侧（分散经济、数字技术、连接性和在技术的辅助下得到增强的人类智能等）。

在追求机遇可能带来的潜在价值时不能忽略需要完成的深刻变革。正如前文我们提到的，你的组织需要仔细考虑这些大趋势将如何影响你的业务，以及如何利用前面提到的需求和供给方面的变化。你和你的领导团队应该意识到，组织的转型应该是由机遇驱动的，而不是由恐惧驱动的。然而，组织要抓住这个创造和提供新价值的惊人机遇，至少还要做到以下两点。

第一，从领导团队开始转变心态。面对这些可能为你的组织带来非凡机会的趋势，要从恐惧和放任自流的心态转变为乐观、兴奋和积极的态度。

第二，提出一个更大胆的愿景和目标来激励员工。希望你的组织所创造的新价值不仅能够满足数以百万计的新客户和广大利益相关者的需求，而且有助于我们应对所面临的重要的社会挑战。

从组织的内部视角来看，在过去，竞争的主要模式是采用命令和控制及其他在很早以前就出现的机械式管理方法，这些通常被称为“泰勒主义”。直到 20 世纪末，对许多公司来说，首先主要关注的还是效率和效益，其次才是创新、客户体验和员工敬业度。基于这些目标，组织在采用新型平台技术，例如企业资源计划（Enterprise Resource Planning，ERP）系统方面进行了大量投资，这无疑提高了生产力，降低了成本，并使组织能够更快地进入新的市场。

尽管在效率和效益方面取得了重大进展，但组织仍有更多工作要做。各个组织都越来越意识到新技术、丰富的数据资源、算力的可扩展性和成本日趋下降、无处不在的连接和新的商业模式等所能创造的价值。然而，我还是建议组织的领导者需要直面与组织内部有关的 3 个关键挑战。

领导者必须面对的 3 个关键挑战

挑战 1：明显或普遍采用由内向外的视角而非由外向内的视角。在许多情况下，过度追求效率可能会牺牲客户体验。鉴于全球竞争带来的压力和监管的日益放松，许多组织倾向于采取“竞次”的方式作为生存和为股东提供价值的方式。在许多行业中，那些注重由内而外做出结构性变革的企业一般会采取这样的战略。然而，在无情的竞争和不断提高的客户期望带来的压力下，现在，越来越多的公司拒绝接受这样的做法。这些组织正在采用由外向内的视角，重新思考他们的商业模式以实现卓越的客户体验的同时，在效率、效益、盈利能力、员工体验和社会影响等方面都达到很好的表现。

挑战 2：分散的或不连贯的企业架构。在企业架构上，大部分公司的技术栈都是分散的。这种情况在应用和数据领域的架构层面尤其明显，因为数据通常都分散地存储在具体的应用中，不容易在整个组织内共享。为了参与竞争和应对市场变化，IT 驱动的和业务驱动的应用架构往往被部署在孤岛上。然而，企业现在意识到，在当前市场上，敏捷性和依据数据做决策是产生洞察力的关键。如果想要取得成功，他们要重新审视和改造自身的企业架构。

从数据可用性的角度来看，组织注意到每天都有非常多的数据产生。2017 年信息技术和业务解决方案公司 IBM 发布的一份报告提到，“世界上 90% 的数据是在过去两年内创造的”。图 0-1 可以帮助我们更好地了解 2019 年互联网上每分钟产生的海量数据，该图是经授权转载自从事数据分析和可视化服务的 DOMO 公司发布的“数据永不停息”资讯图。

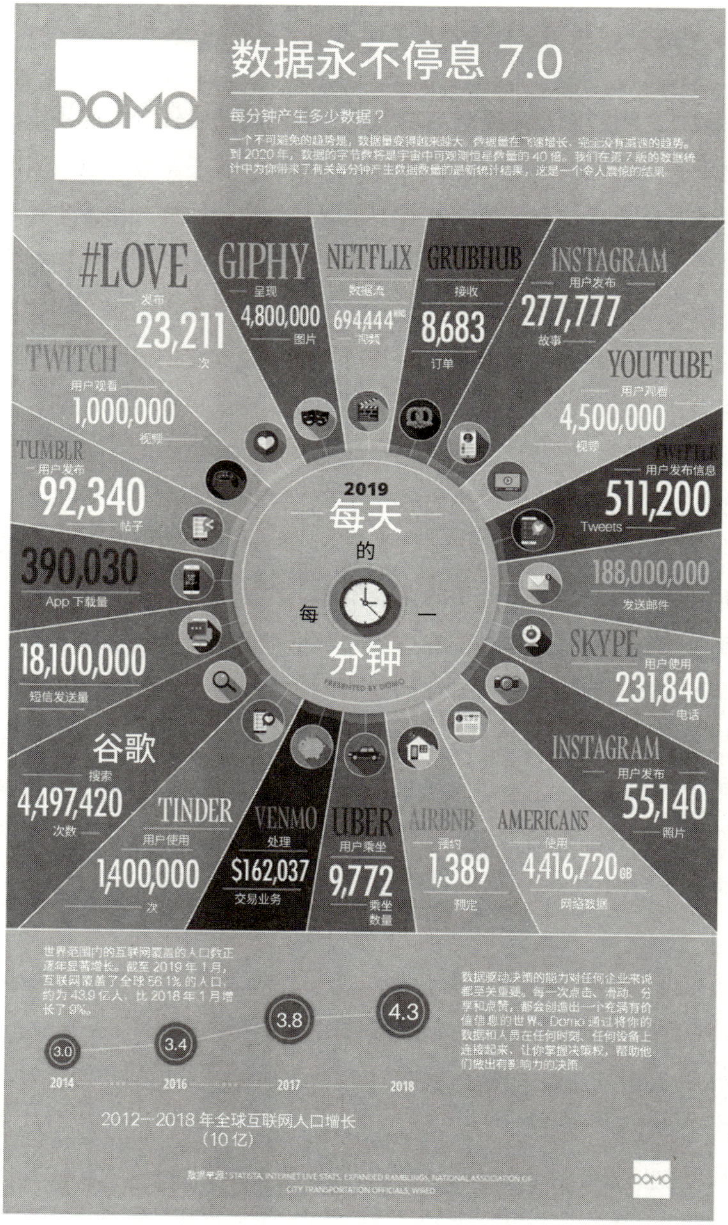

图 0-1 2019 年互联网上每分钟产生的数据一览

鉴于当今已存在的数据量非常庞大，我们期待大量的数据被运用和进行深入分析。但遗憾的是，对于大多数组织来说，情况似乎并非如此。只有一些技术领先的组织才能将数据视为其关键的战略资产。这些组织正在人工智能的帮助下产生新的洞察力并用于价值创造。而对于数据运用的机会，通常也意味着新商业模式下新产品和服务的开发和交付方式。当今的创新工作不能仅仅靠组织内部的人员，还应引入组织的众包伙伴和生态系统内其他合作伙伴。产品和服务正在迅速地数字化［智能产品、高纳德公司（Gartner）提出的数字孪生概念］、连接化、个性化并实时交付给客户。这种组合促使新产品的开发周期、成本效益和客户体验方面都得到了显著改善。

挑战 3：对转型的中心应该是员工而非技术的观点缺乏广泛认知。首先，在员工方面，我们观察到组织内部存在员工敬业度危机和员工对领导团队的不信任，这种不信任主要表现在领导团队无法给组织指引新方向，也无法激发组织活力和重振组织。正如最近的盖洛普调查（Gallup Survey）显示的那样，尽管员工的敬业度在过去几年一直处于上升状态，但 2018 年的调查结果显示，在美国的全职和兼职员工中，依然只有 34% 的员工敬业，53% 的员工不敬业，13% 的员工极为不敬业！

员工敬业度低下（53% 的不敬业员工和 13% 的极为不敬业员工）带来的经济损失是巨大的。我们很清楚，当人们对工作既不投入感情也不敬业时，他们就不可能展现出组织想要的创新和赢得市场所必需的来自员工的主动性和积极性。在通常情况下，员工感觉他们在工作中遭遇了过度管理，而上级的指导意见远远不够。

其次，包括企业在内的一系列机构的可信任度一直在下降，这在皮尤研究中心（Pew Research Center）进行的调查中有所体现。例如，2018 年底在美国年轻人（18～29岁）中进行的一项调查发现，“与老年人相比，美国年轻人对宗教领袖、警察、商业精英和K-12公立学校校长的信任度大大减弱”。只有34%的年轻人表示对商业精英有“很大程度或相当程度的信任”。有趣的是，这与对民选官员的调查结果相同。

我倾向于认为这样的结果一部分是由奖励模式导致的。从多方利益相关者的角度来看，当前存在于许多组织中的奖励模式过于狭隘。高层领导者和普通员工在奖励模式和薪酬方面的不一致让彼此之间的信任受到损害。股票价值及其他股东价值是高层领导者薪酬结构中的重要组成部分，这种薪酬结构促使领导者在决策过程中更看重短期利益。

这种模式让领导者做出那些在短期内能够让股价上涨来取悦投资者的决策，但从长远来看会最终损害组织的利益。这种情况在并购中尤为常见，研究表明，并购往往会使组织的某些资产价值减少，而不会创造价值。此外，值得一提的是，法学教授林恩·斯托特（Lynn Stout）在她的《股东价值神话》（*The Shareholder Value Myth*）一书中有力地证明，即使股东利益最大化的观念普遍存在，但“美国的公司法并没有，也从未要求上市公司的董事将股价或股东财富最大化”。根据斯托特教授的说法，“追逐股东价值是一种管理上的选择，并不是法律上的要求”。

最后，由于竞争和技术等的因素导致组织金字塔高层的“人才争夺战”，组织层级中的薪酬增长曲线出现了明显的脱钩现象。据《福布斯》杂志报道，现在一个标准普尔500指数成分股公司的CEO的收入是普通员工的361倍。与20世纪50年代20倍的比率相比，这个比率的增长非常显著。根据皮尤研究中心的研究，薪酬增长曲线脱钩现象则变得更加复杂，即使考虑到美国的失业率大幅下降，今天的实际平均工资的购买力仍与40多年前（1978年）相同。

所以，员工和公司之间的“社会契约”需要被重塑。组织为了抓住前面讨论的机遇而考虑转型的时候，也是应该反思并采取新管理模式的恰当时机。我指的新管理模式是那些能够更好地激发组织内部员工的创新潜力，能更好地考虑多方利益相关者和现实情况，同时还能兼顾外部因素的综合性管理模式。美国企业圆桌会议（Business Roundtable）最近发布了一则声明，鼓励组织应站在更广泛的利益相关者视角讨论问题。另外，我们开始看到人们正在讨论新鲜、有趣的领导原则和管理概念。但到目前为止，只有少数具有前瞻性的组织在积极采用或试验这些更具创新的想法。

数据量和信息量都在迅猛增加的同时，知识的半衰期也在加速缩短，在一些专业领域，这个时间可能变得更短。因此，员工和公司现在都需要签订一个“学习合同”，共同创造一个环境，来满足双方的实际需要和愿望。个人能力和组织竞争优势的培养需要在一个充满信任的环境中，经过协调，快速、持续地学习新知识的同时适应性地抛弃过时的知识和观念。通过创造条件并鼓励组织内的员工追求终身学习，你的组织也对“未来工作”的问题做出了贡献。而这个问题是需要整个社会及其参与者共同努力合作解决的。

用系统化思维来做出选择和判断

尽管人们正在努力解决前面所提到的挑战，同时他们也意识到，传统的渐进式思维带来的收益从广义上讲正在逐渐减少。然而，在未来，要在生产力、创新、客户体验、员工敬业度、可持续发展和财务成果方面实现更快且有跨越式的改进，组织依赖的将是数字技术支持下的新的管理原则和商业模式。

鉴于这些技术将在你的组织内部和整个劳动力市场产生颠覆性的力量，人员、流程和技术将不可避免地继续紧密地结合在一起。这一现实将要求组织的领导团队以系统化思维的视角来做出选择和决策，并承担预料内外的一切后果。正如克劳斯·施瓦布（Klaus Schwab）在他的《第四次工业革命》（*The Fourth Industrial Revolution*）一书中提到的，“我们越是思考如何利用数字技术，就越是要审视自己”。

关于围绕使用新技术带来的伦理问题，施瓦布提到，其重点是必须考虑“所有这些新技术正在重新定义‘作为人类’的含义”。因此，正如一些领先的技术公司已经在做的那样，组织必须建立关于如何使用技术的道德准则。要记住，不能仅仅因为技术可以让某些事情成为可能，就以为你应该这样做。

我坚定地相信我们可以扩大组织的共同目标，即来自广大的利益相关者的基本宗旨和组织内部员工的各种需求这两者共同的追求。通过这样做，组织将能够充分利用员工的热情、才能和创造力，借助当前技术和新兴技术带来的指数级力量来推动组织自身的发展。

在本书中，这些利益和愿景的融合创造了一种被称为敏捷数字化企业的组织模式或系统，即前言中提到的敏捷数字化企业。在未来，这种模式可能会得到广泛采用，它的定义也会更科学、更严谨，最终成为一个新的组织范式。

敏捷数字化企业定义了一种新的思维和行动方式，也就是说，它不只是一个框架或工具。它旨在激励组织将一些新兴的或经过验证的管理思想、实践和技术等结合起来，形成一个有凝聚力的整体或系统，从而帮助组织在快速和深刻变化的环境中成功地定位方向。按照惯例，在本书中，只要提到“成为敏捷数字化企业”，就意味着该组织正在接受部分或全部的敏捷数字化企业系统的属性。总之，敏捷数字化企业是转型之旅的目的地（即组织要成为什么样子）。

为了帮助你的组织应用敏捷数字化企业系统，本书还介绍了一个框架工具——商业转型画布，它解释了组织“如何”转型，并为组织提供了如何通过解决内外部因素转型为敏捷数字化企业的过程指导。

如你所知，关于如何从各方面改进或改造组织，已经有很多书籍可供查阅。然而，除少数情况外，这些书通常不会全面整合转型所需的大量要素，它们更倾向于深入研究其中的几个要素。

相反，本书采取了一种截然不同的做法，综合考虑了转型要素及其构件，并在 BTC 框架中进行详述。需要强调的是，BTC 框架支持的是一种综合的、横向的和多学科的方法。因此，它允许组织的领导者在定义 BTC 要素和转型的构件时自行选择他们想要使用的具体方法。

BTC 框架由 10 个按逻辑排列的要素组成（见图 0–2），并分为 3 大区域，分别描述了组织的目标状态、当前状态和二者之间的过渡状态（见图 0–3）。

本书第 2 章将详细介绍商业转型画布的 10 大要素中的每一个都是由特定的构件组成的。这些构件是为了在更加细节的层面上解决 BTC 要素所涉及的方方面面。在整个过程中，构件以持续和迭代的方式被定义和配置。正如前文所述，转型是一个持续的过程，需要持续和主动的管理。

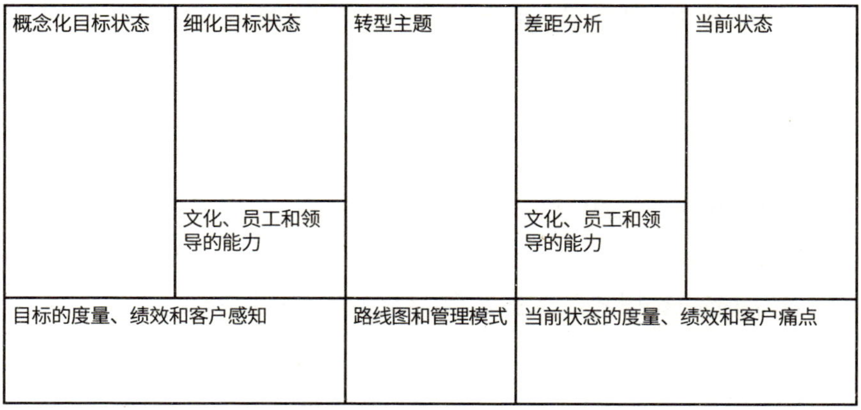

图 0-2　商业转型画布的 10 大要素

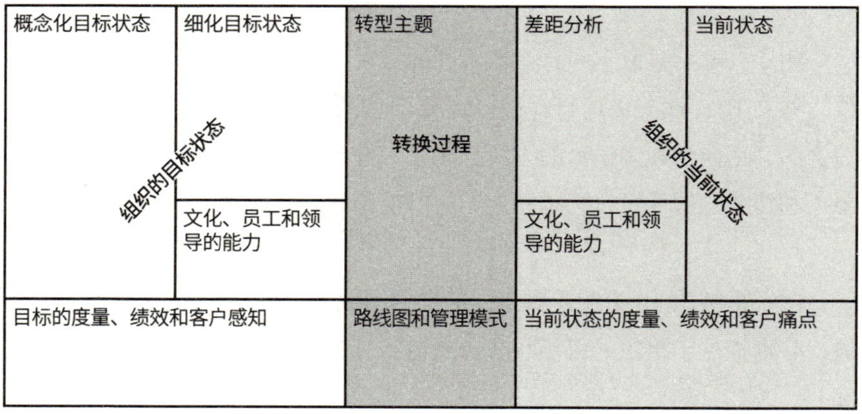

图 0-3　商业转型画布的 3 大区域

图 0-4 旨在说明这样一个事实：BTC 框架在使用过程中（用 BTC 框架的应用架构表示）涉及不止一次迭代。首先，考虑到市场发生了重大变化，当组织有必要重新完整地经历大部分（或全部）BTC 框架中的步骤时，会对应一个“外部循环”。同时，考虑到随着时间的推移，概念化目标状态在定义之后需要不断地完善和调整，会对应一个“内部循环”。这

里必须强调一点，企业的预期目标状态不是静态的，而是更接近于一种随时“准备转型”的状态。

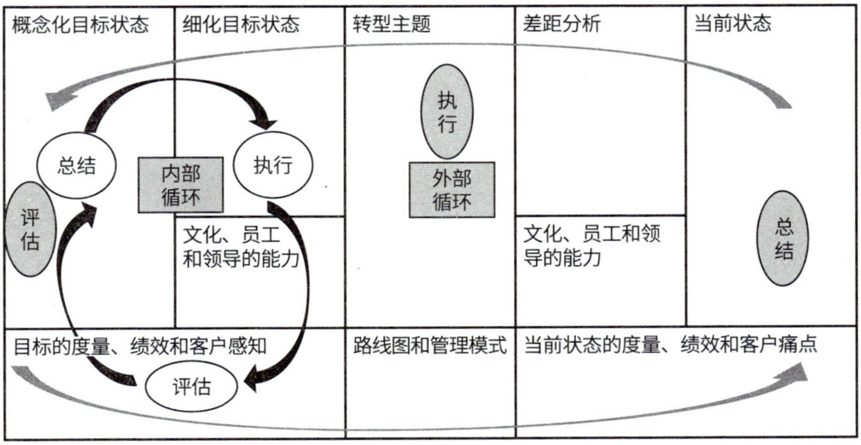

图 0-4　商业转型画布的迭代特性及其外部或内部循环

鉴于当今或可预见的未来都处于快速变化的时代，组织的目标状态成了一种“有时间限制的局部最优”的准平衡状态。在实现目标状态的过程中，组织也获得了应对新变革和抓住新机遇的良好心态和必要的能力。而追求新机遇可能又需要组织进行或大或小的转型，因此，有必要承认，目标状态实际上是另一种“准备转型”状态。

BTC 框架非常适用于企业级转型，特别是当企业的领导团队能够清晰地看到组织面临的机遇时。同时，为了抓住这些机遇，领导团队意识到需要对组织及其商业模式从根本上进行重新评估。

BTC 框架也可以应用于企业内的具体业务部门或职能部门层面。领导团队应该特别注意这种局部应用的情况，要保证这种局部应用与企业的高级别构件应用保持一致。

在使用 BTC 框架这个工具对独立的业务部门或职能部门进行转型之前，领导团队需要选择并确定哪些构件需要与更高级别构件应用保持高度一致、一般一致或保持完全独立。你将在第 1 章中看到，构件组合包括硬性和软性两种，这两类构件的匹配情况都需要考虑。

还有一种需要特别注意的情况是年轻企业对 BTC 框架的应用。BTC 框架并不完全适用于这些企业。虽然画布的左侧对这些企业来说仍然有指导意义，但由于这类企业没有一个完善和成熟的状态，因此也缺乏一个迁移到目标状态的基准线。

本书接下来将进一步介绍 BTC 框架及其要素和构件。

打造敏捷数字化企业
THE AGILE DIGITAL ENTERPRISE

- 人口、全球化和技术等主要力量正在创造 10 个大趋势。通过分析这些趋势的影响，组织可以识别价值创造的重要机遇。
- 转型应该是由机遇驱动的，而不是由恐惧驱动的。
- 只有将有远见的领导、敬业的员工、创新的文化、新的商业模式和技术结合起来的组织，才会抓住大趋势所带来的机遇。
- 敏捷数字化企业是一个组织系统，定义了组织想在快速和深刻变化的环境中取得成功所需的特性，它代表了组织要转型成“什么样子”。

THE AGILE DIGITAL ENTERPRISE

第一部分

自上而下地思考转型的方向

生大材，不遇其时，其势定衰。生平庸，不化其势，其性定弱。

——老子

逻辑可以把你从A点带到B点，想象力却可以把你带到任何地方。

——爱因斯坦

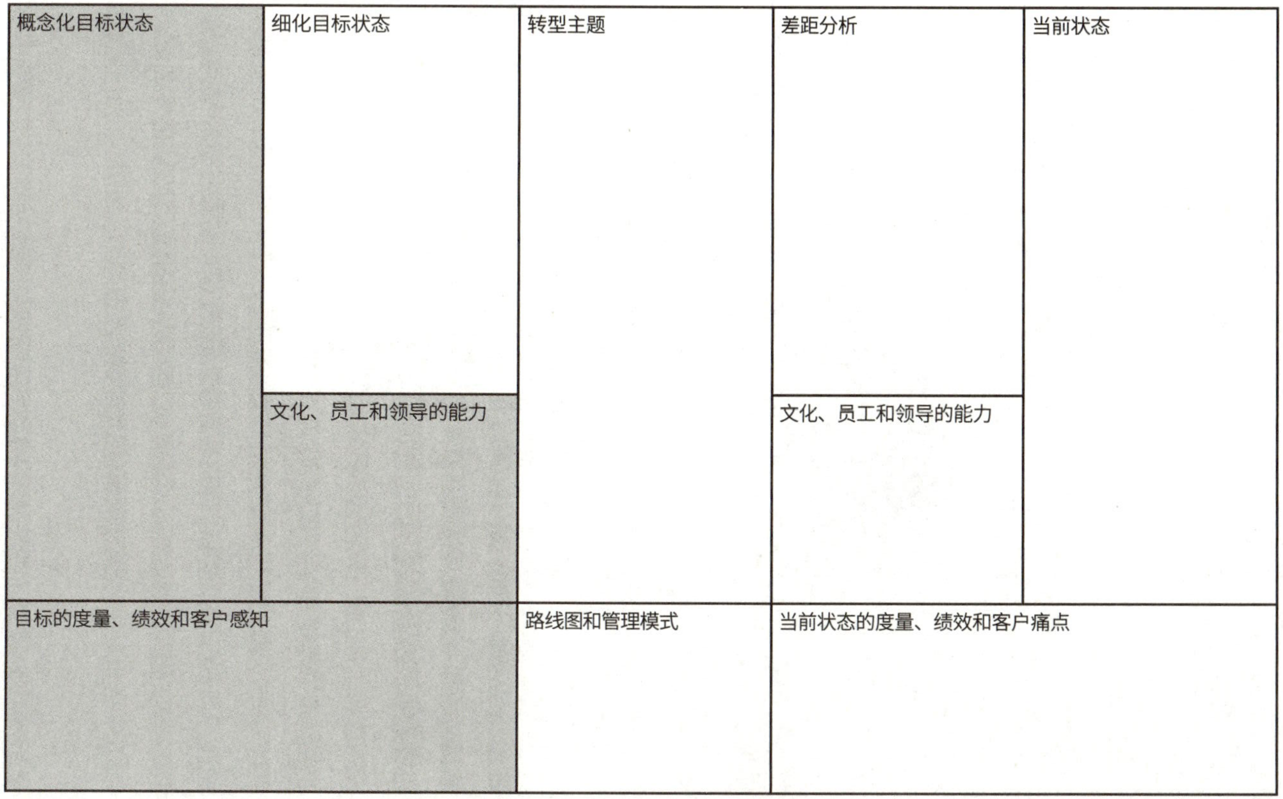

商业转型画布目标状态涉及的要素

本书第一部分的重点是定义组织转型的目标状态。这部分内容包括了组织转型希望达到的效果、希望传递的价值主张，以及目标状态中员工应该具备的能力。如前文所述，应用商业转型画布的第一步是由上而下地思考转型的方向。

首先，在 BTC 框架的初始阶段，一个关键考虑因素是在设定组织目标状态及选择和配置各个详细构件时需达到一个很好的平衡。如果目标状态设置得过高，又或不够“包容和鼓舞人心”，就有可能造成在更大的组织范围内，人们对组织转型目标、转型工作的优先级等的理解模糊或投入不够。高管可能认为把转型目标设成“创造股东价值”是很有吸引力的，但这种说法很难激发普遍员工全心全意地投入其中。

其次，高管对转型目标的描述也不应该太具体，甚至指定目标，要允许其他人参与进来共创目标。对于组织内的大多数团队来说，他们参与共创目标不仅可以使其了解转型的愿景、高层战略和商业模式等的好处，而且还可以通过在分析当前状态和差距时产生的认识反过来影响愿景、高层战略和商业模式的定义，并影响商业转型画布流程中的决策和选择。因此，在处理本书第一部分所提及的 BTC 要素时，我们要找到一个很好的平衡，既不能太模糊，也不能太死板。

本书第 2 章将讨论商业转型画布的概念化目标状态 BTC 要素和它的 8 个构件，还将更详细地讨论敏捷数字化企业及其特征。

从设计角度出发，在组织的目标状态相关构件被定义出来之后，它们也将同时反映出领导团队对于敏捷数字化企业相关特征的接受程度。基于组织本身的历史、背景和战略，你的组织可能不会“完全”具备一个成熟的敏捷数字化企业所拥有的全部特征。在任何情况下，领导团队都应在综合考量之后做出合理的选择。这些选择最终将通过一个叫作“成熟度”的概念反映出来，并通过一个指数的方法进行计算和量化（ADEs 指数），这一方法我将会在后文中进行详细解释。

本书第 3 章将重点介绍商业转型画布的目标的度量、绩效和客户感知要素及其 3 个构件。最后，第 4 章将介绍商业转型画布的文化、员工和领导的能力要素及它的 4 个构件。

第 2 章、第 3 章和第 4 章的内容共同解释了一个“成熟的”敏捷数字化企业应该具备的特征。管理团队可以参考这些特征，并结合组织的情况做出相应的选择。

管理团队在完成对组织高级目标状态相关的 3 大 BTC 要素（本部分篇章页背图的高亮部分）的定义之后，他们就能够估算出组织目标状态的 ADEs 指数了。再次强调，管理团队不应盲目地遵循某个敏捷数字化企业“配方”，而是在所有与敏捷数字化企业特征相关的决策上专注目标并保持慎重。

第 1 章

THE AGILE DIGITAL ENTERPRISE

认识商业转型画布

至繁归于至简。

——达·芬奇

凡事当力求简单，直至不能再简。

——爱因斯坦

本章将概述商业转型画布这一工具，并介绍其作为组织转型“蓝图”的作用。与达·芬奇和爱因斯坦的见解一致，商业转型画布的目的就是给组织提供一个全面的并且尽可能简单的转型方案。

如前文所述，商业转型画布由 10 大要素组成。每个要素在这个画布上定义了一个相对独立的区域。

当组织的高层领导团队感知到市场的变化，并意识到为了适应这些变化，需要从根本上重新思考组织的定位时，这些要素可以帮助他们采取系统化的方法。为了实现从根本上重新思考组织的定位，全部要素都要被纳入考虑范围。我将针对各种要素根据不同情况在后面做具体解释，建议组织在使用商业转型画布的过程中不要跳过任何要素。图 1-1 中的序号代表了这些要素的使用顺序。

为了使这些要素更加详细和更有可操作性，商业转型画布还为每个要素提供了一系列可选的构件。这些构件可以用来对组织转型的目标进行更加细节的定义和设置，并能够让使用者更好地了解组织的当前状态并明确转型的过程。需要注意的是，与商业转型画布的要素不同，这些构件并非旨在详尽地描述转型过程中涉及的所有方面。

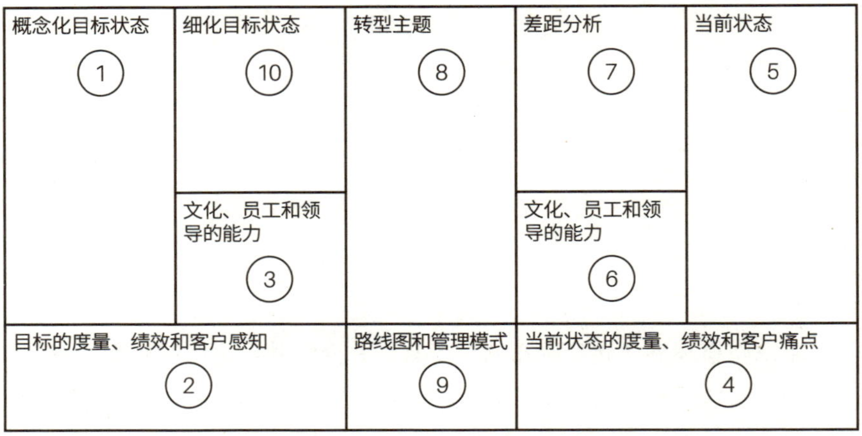

图 1-1 商业转型画布的使用顺序

商业转型画布在遵循尽可能简单的原则的情况下列出一些构件供使用者做参考，在使用时，你的组织可以根据自身业务、所处行业和地区等相关因素增加其他构件，也可以在转型范围较小时减少一些不必要的构件。

图 1-2 显示了商业转型画布中每个要素的构件清单。一共有 62 个构件分布在各个要素之中。本章将从整体的角度简要介绍各要素及其所包含的构件。在接下来的其他章节中，会对具体要素及其构件分别进行更广泛和更深入的讨论。

你可能已经注意到了，在商业转型画布中，概念化目标状态要素所包含的构件（画布左侧）和当前状态要素所包含的构件（画布右侧）高度相似。所以，虽然构件的总体数量很多，但由于不同的要素可能包含相同的构件，去掉重复的之后，真正“独特”和核心的构件数量实际只有 22 个。

<table>
<tr>
<td rowspan="2">概念化目标状态
• 使命
• 愿景
• 价值观
• 战略管理
• 商业模式（包括价值主张）
• 运营模式
• 企业架构
• 生态系统</td>
<td>细化目标状态
• 客户旅程和流程
• 运营模式和组织设计
• 绩效管理系统
• 变革管理和创新
• 业务架构
• 应用架构
• 数据架构
• 技术架构
• 安全和控制
• 生态系统和伙伴关系
• 项目组合管理</td>
<td rowspan="2">转型主题
• 利润或收益模式
• 客户旅程和流程
• 运营模式和组织设计
• 绩效管理系统
• 变革管理
• 创新
• 业务架构
• 应用架构
• 数据架构
• 技术架构
• 安全和控制
• 生态系统和伙伴关系</td>
<td>差距分析
• 利润或收益模式
• 使命和价值观体系
• 战略选择
• 绩效管理
• 以客户为中心
• 员工和领导
• 企业架构</td>
<td rowspan="2">当前状态
• 使命
• 愿景
• 价值观
• 战略管理
• 商业模式（包括价值主张）
• 运营模式
• 企业架构
• 生态系统</td>
</tr>
<tr>
<td>文化、员工和领导的能力
• 文化和行为
• 能力和奖励制度
• 创新能力
• 领导能力</td>
<td>文化、员工和领导的能力
• 文化和行为
• 能力和奖励制度
• 创新能力
• 领导能力</td>
</tr>
<tr>
<td colspan="2">目标的度量、绩效和客户感知
• 平衡计分卡
• 绩效管理框架
• 客户体验驱动的指标及洞察</td>
<td>路线图和管理模式
• 转型路线图
• 管理模式</td>
<td colspan="2">当前状态的度量、绩效和客户痛点
• 平衡计分卡
• 绩效管理框架
• 客户指标及痛点</td>
</tr>
</table>

图 1-2 商业转型画布的 62 个构件

商业转型画布的高度灵活性

再次强调，你可以结合组织的具体需求对本书提供的构件清单进行调整和修改。在使用商业转型画布的过程中，你可以将本书提供的构件当作一个标准清单，然后选择并添加其他与组织转型密切相关的构件。

商业转型画布提供这些构件的一个基本特征是，组织在转型过程中遇到的每个实际问题，不同的组织所采用的具体方法和使用构件的深入程度各不相同，即存在“不可知性”。接下来让我们详细讨论这两种情形。

从所采用的具体方法这种情形来说，假设在转型过程中 A 组织在企业架构相关的领域倾向于深入细节层面，它选择了更规范的 TOGAF® 框架[①]。而 B 组织则希望停留在概念层面，它选择了本体论的 Zachman 框架[②]。如果这两种选择分别满足了 A 组织和 B 组织的转型需求，那它们就都是合理的。这种在具体方法上的选择原则同样适用于其他要素和构件。

从使用构件的深入程度上来讲，你可以结合组织面临的具体问题，并参考以下两种情形选择合适的深度。

- 对具体组织的具体战略来说，有些构件可能不那么关键，所以在分析它们时则可以停留在表面。而对于那些与组织战略密切相关的构件，则需要进行深入的分析。
- “当前状态”要素的深入程度往往取决于对“概念化目标状态”的期待值。因为假如概念化目标状态和当前状态有较大区别时，深入分析当前状态并不会带来更多价值。

鉴于商业转型画布只提供构件的参考清单，并不绑定具体的方法，所以你可以根据自己对特定方法的熟悉程度以及其他喜好来选择你在组织转型过程中使用的具体方法。

---

① 开放组体系结构框架（The Open Group Architecture Framework）是由国际标准组织 The Open Group 制定的一个行业标准的体系架构框架，是主流企业架构之一。——编者注

② Zachman 框架是由约翰·扎科曼（John Zachman）在 1987 年创立的全球第一个企业架构理论，是其他企业架构的源泉。——编者注

使用商业转型画布的过程是持续迭代的

图 1-3 展示了商业转型画布的关键逻辑，它包含了拉动和迭代等来自精益和敏捷的原则。

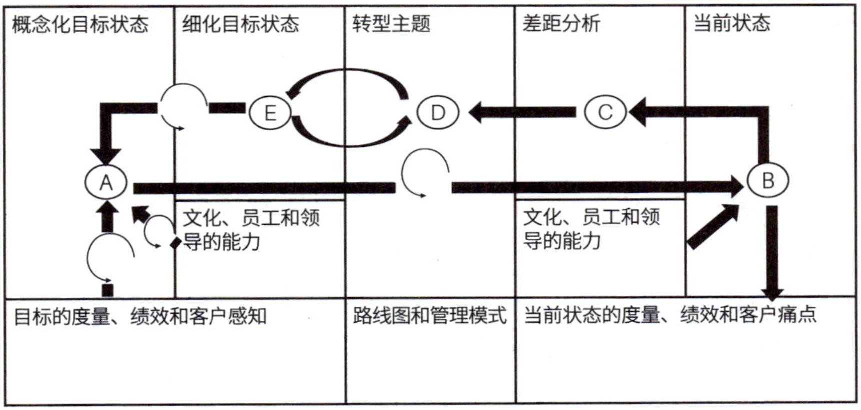

图 1-3　商业转型画布的拉动和迭代的逻辑

- 根据设计，商业转型画布的开始阶段是建立自上而下的概念化目标状态（A），在该区域组织的领导团队要对组织目前所处的运营环境，以及转型可能给组织带来的机遇等问题进行深入思考。
- 通过深入了解组织渴望达到的概念化目标状态（A），拉动对组织当前状态（B）的分析。
- 分析组织的概念化目标状态与当前状态之间存在的差距及其根本原因（C）。
- 对必要的转型主题和解决方案进行构思，并制定转型路线图（D）。

- 整个过程采取敏捷和迭代的方式。更加具体和细化的目标是随着过程的推进而逐渐清晰起来的（E）。

我们借用彼得·圣吉（Peter Senge）在其《第五项修炼》（*The Fifth Discipline*）一书中的说法，商业转型画布旨在建立一些创造的张力。在商业转型画布中，对组织的愿景（概念化目标状态）和当前状态之间存在的差距的理解，可以产生这种张力，“差距分析”要素将要求团队对这种张力进行深入的研究。

鉴于转型是一项持续的且具有连续性的有目标路线支撑的工作，转型方案的实施是敏捷驱动的渐进过程。然而非常重要的一点是，基于敏捷原则的实施过程应该建立在对转型目标的深入理解和广泛共识之上。商业转型画布的理念在概念层面上认为，组织的共同愿景是所有转型工作的起点。

我们在简要介绍了商业转型画布的要素、构件及其基本的拉动、迭代逻辑之后，接下来将进一步探索它们的细节。

商业转型画布的 10 大要素

商业转型画布的 10 大要素描述了任何组织在转型过程中都会涉及的关键步骤。画布的最左边是组织渴望达到的目标状态，画布的最右边是组织的当前状态，转型过程则被放在画布的中间。这 3 个部分构成了商业转型画布的 3 大区域。

组织渴望达到的目标状态的要素包括：概念化目标状态，目标的度量、绩效和客户感知，文化、员工和领导的能力，细化目标状态。

- **概念化目标状态：**组织的高层领导团队通过对外部环境的研究，其研究范围包括客户需求、市场、竞争、技术和社会趋势等，勾勒出组织渴望达到的理想目标，以及期望实现这一目标的时间。虽然这个理想目标是建立在对目标、愿景、战略、商业模式、企业架构等一系列构件的综合考量之上，是高级别的、偏概念化的，但在转型的早期阶段，它能给出足够的方向上的指引，还能为接下来的共创活动留出空间，同时也可以激励员工。
- **目标的度量、绩效和客户感知：**组织的高层领导团队为了更好地达成共识，在制定理想目标的同时需要回答一系列问题，以便让人们理解目标达成之后的组织是一个什么样子。这些问题可能包括：成功以后是什么样子？我们将如何度量成功？组织在目标状态下将使用哪些相关的绩效评估指标？我们希望如何被客户认可？我们如何让客户满意？我们如何监测并改善客户体验？在构建该要素时，组织开始选择衡量成功的关键指标，讨论应该如何在目标状态的指导下行动，并设计组织架构和流程，以及绩效管理。
- **文化、员工和领导的能力：**这一要素描述了组织为了实现目标状态而需要在文化、行为模式、基本技能、领导风格和其他能力等方面所采取的措施。在本书引言中曾提到，该要素是一个特别重要的要素，它要求组织对自身是一个什么样的组织和想成为什么样的组织而进行深度反思。
- **细化目标状态：**为了使组织转型成为敏捷数字化企业并支持新的愿景、战略和商业模式，组织的企业架构应该变成什么样子？架构中应该包含什么样的运营模式、组织设计及业务、应用、数据、技术等基础架构？这些问题的答案需要在转型主题这一构件中得到明确，后面会进一步解释。细化目标状态要素包含将组织转型为目标状态所需的执行过程和对概念化目标状态更详细的定义。细化目标状态的定义通常是随着概念化目标状态和差距分析要素的定义而以一种迭代的方式使组织能力逐步增强且向前推进的。因此，细化目标状态定义的过程是渐进式的，随着时间的推移，它的内容不断地被梳理和丰富，而且所产生的目标状态不是固定不变的，它将随着组织不断抓住新机遇而演变。

商业转型画布中当前状态要素与前瞻性的概念化目标状态要素高度类似，但当前状态要素主要用来描述组织当前的架构和行为方式。在定义这类要素时，要秉承以事实为基础的坦诚态度。如果高层领导团队在一些构件的评估上把当前组织内存在的一些管理问题或敏感因素放在一边避而不谈，将会给组织带来极大的伤害。一个敏捷数字化企业应当致力于成为一个有创新的、以事实为基础的透明的组织，这也应该是转型过程的核心原则。

商业转型画布中描述组织当前状态的要素包括以下 4 个。

- **当前状态：**它包含了对组织当前的使命、愿景、战略管理、信守的价值观、商业模式、运营模式、企业架构、生态系统等的评估。
- **当前状态的度量、绩效和客户痛点：**它审查了组织当前使用的度量指标，将当前业务表现与这些指标进行对比，另外最重要的是关注客户痛点。
- **文化、员工和领导的能力：**它再次强调要对组织文化、观察到的员工行为，以及从一线员工到领导层的技能、能力进行全面的评估。

- **差距分析：** 它描述了组织的当前状态和期望达成的目标状态之间存在的差距及产生差距的根本原因。这些差距被分为 7 类（即 7 个构件），它们将对寻找消除差距的措施起到关键的作用。

为了缩小组织的目标状态和当前状态之间的差距，商业转型画布定义了转型主题、路线图和管理模式这两大转换要素，它们包含了转型的关键措施、路线图和管理模式等。

- **转型主题：** 该要素的重点是在一个更详细的层面上描述了"如何"让组织从当前状态转型为目标状态，以及这一过程中所需要的解决方案。本要素中定义出的关键措施需要能够解决通过其构件识别出来的大部分的关键差距。这些措施很可能由多个敏捷团队同时实施，而由组织的更高层级去协调完成。这种协调还将会产生一个动态的 MECE[①] 类型的项目组合或项目集待办事项列表，其中包含为了实现转型的中间状态和目标状态所需的一系列连贯的、协调的措施。
- **路线图和管理模式：** 在该要素中，组织需要对转型的各项措施进行优先级排序，并谨慎地决定是否需要在实现最终目标的过程中设立一个中间状态。此外，组织要在转型路线图和管理模式的项目组合待办事项列表中制定关键决策，比如选择史诗[②] 确定项目增量的节奏，以及为转型过程选择管理方

① MECE（Mutually Exclusive Collectively Exhaustive），即"相互独立，完全穷尽"，在处理重大问题时做到不重叠、不遗漏地进行分类，尽快有效地把握问题核心。——编者注

② 史诗（Epic）是敏捷开发的重要概念，是指一个大型的、跨越多个迭代周期的用户需求或者业务功能。——编者注

法和干预措施。最后组织还需要建立一个管理框架，以确保领导层参与转型并承担相应责任。

商业转型画布的 5 类构件

如前文所述，商业转型画布是由 62 个构件组成的，它们涵盖了组织转型过程中涉及的方方面面。在对这些构件逐一进行介绍之前，我们有必要先了解一下这些构件之间的依赖关系及它们之间的相互作用。组织是一个自适应的复杂系统，而不是其内部各个部分的简单堆砌。构件之间的因果循环和协同增效，以及由此涌现的一些行为模式和特性都值得我们仔细考虑。

商业转型画布的构件分为 5 类，下文中将逐一介绍。

商业转型画布中与高层目标状态相关的 BTC 要素及其构件

商业转型画布中面向目标状态的要素包括：概念化目标状态，目标的度量、绩效和客户感知，文化、员工和领导的能力，共 15 个构件。3 大要素和其对应的构件分别在表 1-1、表 1-2 和表 1-3 中有相应的介绍。

表 1-1 概念化目标状态 BTC 要素及其构件的组成

目标状态构件	在 BTC 框架中的重要作用
使命	它为领导团队重新评估或确认组织存在的目的和意义提供了机会
愿景	它体现了组织未来 3 ～ 5 年的目标（也可以设置更长的时间范围）。对组织的员工来说，愿景应该要足够鼓舞人心
价值观	它定义了组织的价值观，并为组织内各层级的决策制定、工作优先级、行为模式等提供指导

续表

目标状态构件	在 BTC 框架中的重要作用
战略管理	战略管理指的是组织战略及战略目标的制定，同时包含运营层面所需的战略管理流程和系统等的配置
商业模式（包括价值主张）	商业模式是指你的组织未来希望如何创造、传递和获取价值
运营模式	在 BTC 转型中，为了实现商业模式，组织在流程、技术和人员等方面采取的不同措施的方式即为运营模式
企业架构	企业架构涵盖业务架构、应用架构、数据架构和技术架构 4 个领域，它指导支持组织实现愿景和战略
生态系统	这个构件考察的是支持目标战略和商业模式所需的合作伙伴生态系统，同时判别合作伙伴的协作能力和技能

表 1-2　目标的度量、绩效和客户感知 BTC 要素及其构件的组成

目标状态构件	在 BTC 框架中的重要作用
平衡计分卡	平衡计分卡是反映组织的目标状态的衡量指标。由于计分卡的指标来自多个维度，因此有必要记住，这些指标的选择将深度影响整个组织的行为
绩效管理框架	它描述组织绩效的跟踪、评估流程及多种反馈回路。这些反馈回路也能反映出环境变化对战略的影响
客户体验驱动的指标及洞察	这个构件能反映出在组织内部各级单位中客户体验驱动的指标的使用情况，以及使用客户数据产生洞察的情况

表 1-3　文化、员工和领导的能力 BTC 要素及其构件的组成

目标状态构件	在 BTC 框架中的重要作用
文化和行为	在该构件中，管理人员要谨慎决定哪些文化和行为方式是被鼓励并能得到奖励的
能力和奖励制度	描述对组织而言至关重要的关键技能和差异化能力，以及为提升这些能力而设计的激励制度
创新能力	为了实现持续创新，高层领导者在环境、流程及聚集人才的能力等方面要做哪些工作
领导能力	这个构件描述组织的高层领导应该具备的领导能力和领导风格，以及他们该如何激励组织上下各级的领导和员工

商业转型画布中与组织当前状态相关的 BTC 要素及其构件

当前状态相关的构件和目标状态构件很类似，与其相关的要素包括：当前状态的度量、绩效和客户痛点，当前状态，文化、员工和领导的能力，共有 15 个构件。除一个构件（客户指标及痛点）之外，其他所有的构件在目标状态中都能找到，且属性完全一致，只不过被用来描述组织当前的状态。3 大要素和其对应的构件分别在表 1-4、表 1-5 和表 1-6 中进行了相应的介绍。

表 1-4 当前状态 BTC 要素及其构件的组成

当前状态构件	在 BTC 框架中的重要作用
使命	它描述当前组织公开传递给内部员工的目标
愿景	它描述组织最近一次对利益相关者和员工传达的愿景
价值观	这个构件重点强调的是评估组织当前真正实施的价值观，即那些有足够的证据表明它们是正在被用来指导组织日常决策和行为模式的价值观
战略管理	组织对当前战略、战略目标及不断扫描市场的整个过程的评估
商业模式（包括价值主张）	它描述组织当前是如何创造、传递和获取价值的。组织通过评估当前商业模式的表现和该商业模式在哪些方面仍然具有战略相关性的机会，确定其是否仍然有效
运营模式	组织为实现当前的商业模式，在流程、技术和人员等方面已经采取的措施
企业架构	这个构件的评估旨在指出组织当前的企业架构面临哪些制约因素和限制条件，特别要找出妨碍组织提出令人信服的价值主张和实现其商业目标的那些因素
生态系统	领导团队需要审查组织当前的合作伙伴生态系统、组织的合作能力及在当前生态系统中扮演的角色

表 1-5　当前状态的度量、绩效和客户痛点 BTC 要素及其构件的组成

当前状态构件	在 BTC 框架的重要作用
平衡计分卡	领导团队审查公司层面、业务部门和职能部门层面的平衡计分卡。当前状态的平衡计分卡揭示了组织当前绩效管理系统的主要方向（包括它的平衡情况）
绩效管理框架	当前状态的绩效管理框架描述了当前组织绩效的跟踪、评估流程。领导团队还需审查现有的反馈回路及组织内有（或没有）实时绩效跟踪能力
客户指标及痛点	这个构件揭示组织当前如何收集、分析客户体验数据并在此基础上生成洞见，最终采取行动的过程。这个当前状态构件是唯一一个在目标状态构件中没有完全呈现的构件

表 1-6　当前状态的“文化、员工和领导的能力”BTC 要素及其构件的组成

当前状态构件	在 BTC 框架的重要作用
文化和行为	这个构件描述了当前存在的规范和惯例，通常表现为“我们在这里如何做生意”，以及由此体现出的商业行为模式
能力和奖励制度	这个构件反映了当前对组织至关重要的关键技能、差异化能力和员工激励制度
创新能力	领导团队需审查组织当前的创新策略、能力和流程，以促进组织内部创新
领导能力	这个构件描述了当前组织内高层领导的领导能力和领导风格

商业转型画布的差距分析 BTC 要素及其构件

差距分析 BTC 要素包含 7 个构件，如表 1-7 所示。

表 1-7　差距分析 BTC 要素及其构件的组成

差距分析构件	在 BTC 框架中的重要作用
利润或收益模式	领导团队在此构件需对组织的营利能力和所有利益相关者的非经济利益进行定性和定量的评估，并与组织目标状态中的利益目标进行对比

续表

差距分析构件	在 BTC 框架中的重要作用
使命和价值观体系	领导团队在此构件需寻找组织的目标状态和当前状态之间在目标、愿景和价值这几个方面存在的差距
战略选择	领导团队在此构件需寻找组织的目标状态和当前状态之间在选择战略、商业模式、运营模式、组织设计和生态系统时存在的差距
绩效管理	领导团队在此构件需寻找组织的目标状态和当前状态之间在绩效管理方面存在的差距
以客户为中心	领导团队在此构件需寻找组织的目标状态和当前状态之间在传递价值主张、提供客户期望的体验及产生客户洞察所需的流程方面存在的差距
员工和领导	领导团队在此构件需寻找组织的目标状态和当前状态之间在与员工相关的技能、行为模式、领导和员工激励制度这些方面存在的差距
企业架构	领导团队在此构件需寻找组织的目标状态和当前状态之间在企业架构的业务、应用、数据、技术基础设施 4 个领域及安全和控制方面存在的差距

商业转型画布中与转换过程相关的 BTC 要素及其构件

与转型相关的构件一共有 14 个，分布在转型主题和路线图与管理模式 BTC 要素中。它们代表了转型的方案。这些要素和对应的构件分别在表 1-8 和表 1-9 中进行了介绍。

表 1-8　转型主题 BTC 要素及其构件的组成

解决方案构件	在 BTC 框架中的重要作用
利润或收益模式	这些解决方案解决了商业模式在结构上的问题，以确保让价值主张从广义上为所有利益相关者带来盈利
客户旅程和流程	这些解决方案从根本上重新定义转型期间关键客户旅程和底层业务流程
运营模式和组织设计	这些解决方案为了实现组织的目标状态而改进当前运营模式

续表

解决方案构件	在 BTC 框架中的重要作用
绩效管理系统	这些解决方案改进当前绩效系统，使绩效实时可见
变革管理	这些解决方案帮助人们理解组织转型的目的、愿景、价值观、期望的行为模式和战略等。方案还包括帮助组织的员工拥抱变革、采用新的技能和工作方式并做到持续创新和改进。方案的目的是在组织的目标状态中创造并维持一个“准备变革”的环境
创新	这些解决方案重新设计并部署组织创新引擎，包括支持创新的流程、能力和其他方面
业务架构	这些解决方案对组织的能力和价值流①组合做出必要改进
应用架构	这些解决方案部署组织内部的业务应用组合。其中也可能包括旨在使当前的业务应用组合更合理化的举措
数据架构	这些解决方案把数据视为重要的商业资产，并确保数据架构与组织的战略一致
技术架构	这些解决方案将业务敏捷提升到必要水平，同时也包括采取干预措施，以实现在目标状态下所需要的由本地和云服务混合部署技术基础设施的举措
安全和控制	这些解决方案对于保护作为战略资产的数据和在组织系统中创建复原能力是必要的
生态系统和伙伴关系	这些解决方案定义了组织的共创或者加入何种目标生态系统

①价值流是指从原材料转变为最终产品并交付给客户的整个过程中所有增加价值的活动和不增加价值的活动的总和，这些活动涵盖了从产品设计、原材料采购、生产制造、质量检验、包装运输到客户服务等各个环节。

表 1-9　路线图和管理模式 BTC 要素及其构件的组成

实施计划构件	在 BTC 框架中的重要作用
转型路线图	这个计划定义了转型中一组待实施的干预措施或项目组合，并明确了最初要采取的措施
管理模式	这个构件展现了一个对待实施的干预措施或项目组合进行强大管理的模式，并强烈鼓励在管理模式中采用规模化敏捷的原则和实践

商业转型画布的细化目标状态 BTC 要素及其构件

细化目标状态要素中一共包含 11 个构件，如表 1-10 所示。

表 1-10 细化目标状态 BTC 要素构件的组成

实施构件	在 BTC 框架中的重要作用
客户旅程和流程	这个构件部署了使组织能够高效执行、管理和监测客户旅程、客户体验的解决方案
运营模式和组织设计	根据“转型主题”BTC 要素中对方案的优先级排序，这个构件部署了中心化或去中心化的、标准化或定制化的流程，此外新的组织设计也得到了完善和实施
绩效管理系统	这个构件部署了让组织的各层级都具备实施绩效管理能力的解决方案，另外还定义绩效指标，以及如何提升员工能力，以便他们能有效地适应并使用绩效管理系统
变革管理和创新	这个构件部署了将关键能力嵌入组织内部的解决方案，使组织能够拥抱变化并达到持续变革的准备状态，同时这个构件还部署了强大的创新管理流程，以支持组织员工习得敏捷和创新所需的技能
业务架构	到这一步，一种能够体现前期战略选择并与之保持一致的业务架构出现了。该构件的重点是创建（或逐步形成）目标状态描述的业务、产品、服务、地域、能力等
应用架构	这个构件部署了新的应用架构并使架构具备敏捷性所需的功能。我们需要仔细考虑应用架构的松耦合或紧耦合，以及采用能够成倍提高敏捷性的 DevOps[①]原则和实践
数据架构	这个构件部署的功能将有效地处理和使用数据，并将其作为企业的重要资产和创造价值的新方式所需的能力
技术架构	这个构件的部署严重依赖于前期对其他架构元素（业务、应用和数据）、运营模式、目标状态生态系统设计的选择
安全和控制	这个构件使组织具备保护资产（特别是信息类资产）的能力，以及具备应对威胁所需的复原能力和控制能力
生态系统和伙伴关系	这个构件使组织能够在双赢的生态系统中有效运作，明确组织在生态系统中扮演的角色，并识别生态系统扩展的机会
项目组合管理	这个构件使组织具备必要的项目管理能力（基于敏捷的原则、工具、流程和工作方式），以执行创新、持续改进和转型等工作

① DevOps（Development 和 Operations 的组合词）是一组过程、方法与系统的统称，用于促进软件开发、技术运营和质量保障部门之间的沟通、协作与整合。

从表 1-10 中可以看出，随着转型措施的进行，这些构件让组织的目标状态变得更加详细。然而，在实施“细化目标状态”BTC 要素及其构件的过程中，由于商业转型画布框架存在的迭代特性（参考图 1-3 所示的迭代循环），目标状态相关的 3 个高级的要素也在同时不断被改进和完善。

开始商业转型画布流程前要考量的 4 个关键因素

在开始商业转型画布的流程之前，领导团队需要仔细考量以下 4 个关键因素。

高层领导团队达成一致

高层领导团队的成员需要对“为什么现在是参与探索和转型的关键时刻”这一问题达成高度的一致。高层领导团队的成员应该深刻认识到，他们要为此做出许多困难的决定，但他们也有很大的可能会为组织及其利益相关者创造一个卓越未来。

定义转型指导原则

在领导团队开始商业转型画布的流程之前，我建议首先要定义和一致同意转型指导原则。这些原则有助于转型领导团队和其他团队在转型过程中解决问题，并有利于在面临困难和挑战时做出决策或权衡利弊。这些原则被确定和深刻解读之后，团队就可以致力于商业转型画布的第一步，即开始做与概念化目标状态相关的工作。

如果组织的领导团队的愿望是转型成敏捷数字企业，那么为转型过程制定一些指导原则也是必不可少的。同时我们也希望组织在转型过程中所遵守的原则与组织转型的目标状态中将恪守的原则能很好地保持一致。

所以，我提供了以下10条原则供你和你的组织在转型过程中考虑（希望能被采纳）。

- 我们的转型并非出于恐惧。我们的转型是由组织惊人的潜力和当下前所未有的机遇引导的。
- 我们应认识到自己的组织是一个自适应性系统，当我们在确定转型思路和方案时也应充分考虑到这一点。
- 我们的员工、客户、智力资本和数据是我们最重要的资产。我们将把员工放到他们最擅长的工作中去，并利用科技来提高生产力和他们自身的能力。
- 我们相信员工渴望在组织的工作中收获意义。我们也相信他们愿意接受变化。
- 转型的过程本身也是一个学习机会。我们高度鼓励在这一过程中进行尝试和试验，因为好的想法和解决方案会在尝试中涌现。我们同时也鼓励勇于挑战现状的行为。
- 没有什么是一成不变的，所有的想法都值得被分析和思考。然而，鉴于技术的应用所带来的非凡力量，我们将尽早制定伦理原则以指导我们如何负责任和合乎道德地使用技术。
- 我们将专注于为整个组织及其广大利益相关者创造价值。我们将采纳最好的想法，而不是只采纳上级领导的想法，强烈反对狭隘的小团体的意识。
- 我们并不认为自己拥有所有的答案。我们邀请客户和生态系统合作伙伴共同探索答案。
- 我们聚焦未来，但也尊重过去。任何在当前组织中存在的且与未来高度相关、有意义的价值观、行为、能力和做法都将得到保留和发展。

- 我们认为转型的终点不是一个静态的终点，而是一个动态的平衡点。我们的目的是努力建立一个随时准备好变革并能灵活适应市场变化的组织。

组建转型团队

当领导团队一致同意转型，并且选择了商业转型画布框架作为支持性工具之后，我们这时候应该建立一个核心的转型团队来开展转型过程中的各项任务。这对于转型工作来说是至关重要的。

从设计角度出发，首先，高层领导团队的成员要成立转型指导小组，监督转型过程并做出必要的战略决策，这在转型的开始阶段尤为重要。其次，变革和转型的首要任务是明确组织愿景，即管理团队希望将组织带向何方。这种愿景导向的视角为整个转型过程提供了方向。最后，要保证管理团队不仅是在转型的初始阶段，而是在整个过程中都积极参与，这对转型的成功很重要。

此外，关于执行转型计划的团队，下文我会将它称为核心转型团队。这个团队是由一些全职的来自跨部门的专业人员组成。当转型进入实施阶段后，这个核心转型团队将扩充成一个更大的执行团队，直接负责执行转型计划。

根据大量的记载，转型失败的主要原因之一是组织没有分配足够的人力资源来支持它。因此，我们强烈建议高层领导团队基于转型的范围，为核心转型团队提供足够的、合适的人力资源。我所说的“合适的”人力资源是指那些对业务有了解，能够勇于挑战现状，对新机遇持开放态度，并对“把组织的业务提升到新水平”这件事充满激情的人。

尽管理论上在前期核心转型团队只是一个较小的、全职的团队，但这个团队应该接触组织内更多的人员，引出更多转型的想法，与人们对转型面临的挑战及其根本原因进行深入讨论，并能够在探讨新机遇时基于事实进行深入的、兼容并包的、开放的和前瞻性的对话。转型指导小组和核心转型团队的成员也将负责在转型过程中，就转型的进展情况和学到的经验和教训向整个组织的员工提供及时、公开和坦诚的汇报。

此外，核心转型团队还需要考虑的是转型探索阶段的时间表，也就是从定义转型的概念化目标状态至定义转型主题和转型计划这一过程的时间。这个阶段不应该是无期限的，核心转型团队要制定一个时间表，以满足高管团队的决策需要和董事会审议需要。鉴于转型涉及大量的因素（范围、组织的复杂性、可用的资源等），关于转型探索阶段应该需要多长时间这个问题并没有准确的答案。尽管如此，如果该组织希望采用敏捷数字化企业系统，那么在探索阶段也应倾向于迅速行动。我建议制订一个项目计划以明确探索阶段中各项活动的顺序、责任人和关键里程碑。核心转型团队也应该开始对问题进行识别，对风险进行跟踪。

评估转型准备工作的就绪程度

我在前文中多次提到过，组织转型的过程从一开始就应该遵循敏捷数字化企业的原则。组织应尽可能地在整个转型旅程中一直践行转型工作最终想打造出与敏捷目标相等的文化、价值观和行为。

然而在开始阶段，评估转型组织的就绪程度是很重要的。核心转型团队应该进行一个初步的评估，并找出探索阶段需要立即解决或者积极应对的所有主要障碍。

本书接下来将更详细地讨论商业转型画布中与组织转型的目标状态相关的要素，以及敏捷数字化企业系统可能给你的组织带来的改变。

打造敏捷数字化企业
THE AGILE DIGITAL ENTERPRISE

- 商业转型画布的构件由组织转型时需要考虑的各类因素组成。组织可以根据自身的具体情况增加新的构件，也可以排除那些与具体转型工作不太相关的构件。
- 商业转型画布的实施过程本质上是迭代的。组织的细化目标状态是通过不断的试验、学习和调整等一系列的敏捷迭代来实现的。
- 在启动商业转型画布流程之前，管理团队首先要考虑以下 4 个关键因素：高层领导团队达成一致、定义转型指导原则、组建转型团队、评估组织对转型准备工作的就绪程度。

第 2 章

THE AGILE DIGITAL ENTERPRISE

概念化目标状态

最勇敢的人，一定是那些很清楚自己所面临的一切，但不管是荣誉还是危险，都会义无反顾地去迎接的人。

——修昔底德

大自然是所有真正知识之源。她有自己的逻辑，有自己的法则，没有无缘无故的效应，也没有无用之发明。

——达·芬奇

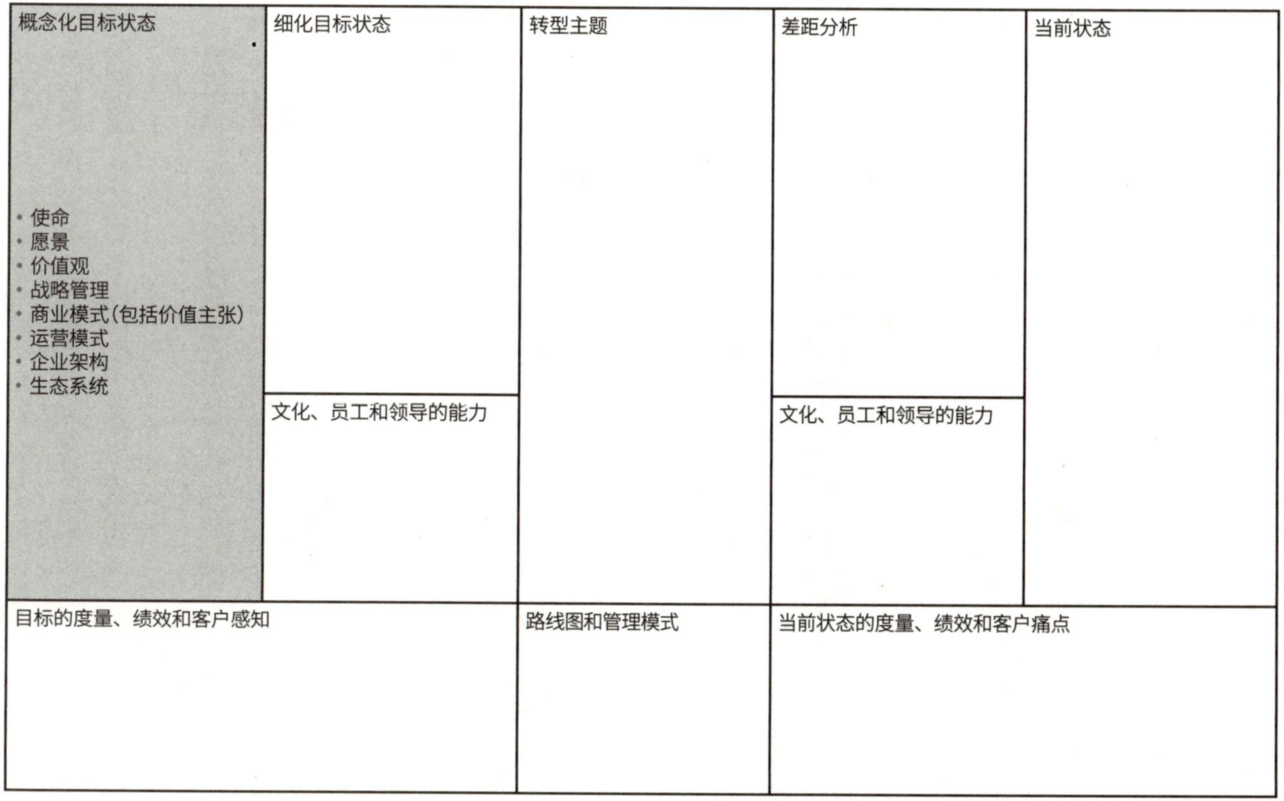

概念化目标状态 BTC 要素及其构件

本章主要探讨概念化目标状态 BTC 要素。在思考目标状态时，一个关键问题将浮现在组织及其高层领导团队面前：“为什么要成为敏捷数字化企业？为此要做出哪些必要的改变？”我试着把问题分成几部分来解答。

做学习型组织，持续反思、持续改善

第一种情况，假设你的组织没有提供良好的客户体验，没能达到期待的结果，或者明显地错过了市场机遇。那么这个问题的答案就比较简单了。从长远看，你可以继续保持以前的做法，但这显然不是一个好主意。此外，你还欠员工一个坦诚的反思，以及一个坚定改变现状的决定和采取行动的决心。

同时，我们还需要进一步讨论这种变化是渐进式的还是变革式的。从整体上看，如果你的领导团队认为你的组织需要一个以愿景为主导的、转型式的变革，那么 BTC 框架将更具价值。

第二种情况，假设你和你的领导团队对组织过往和当前取得的成就非常满意。然而，由于一些具有颠覆性影响力的因素，如人口、全球化和技术，以及这些因素彼此的相互作用，导致了当今世界正在加速变化，那你们就该深思本章首页提到的哲学家修昔底德的至理名言了。

如果你需要更多的数据来向高层领导团队和其他利益相关者说明情况，那么可以研究一下《财富》500 强名单中的公司或标准普尔 500 指数成分股公司的生存率，这些惊人的统计数据将是非常有用的。根据美国企业研究所（American Enterprise Institute）的马克·佩里（Mark Perry）在 2019 年 5 月发表的一篇文章，通过比较《财富》500 强 1955—2019 年的名单，“只有 52 家公司一直出现在名单上。换句话说，在 1955 年的财富 500 强公司中，只有 10.4% 的公司在以后的 64 年里一直在名单上，超过 89% 的公司要么破产，要么被并购或被收购。有一些公司即使 2019 年仍然在此名单中，但也曾跌出 500 强公司排行榜超过一年或更长的时间”。

从这些统计数据中我们可以得出结论，大量的颠覆性事件正在发生，企业必须做出应对。然而，正如我在前文中讨论转型指导原则时提到的那样，如果我们要为组织的变革寻找一些积极的令人信服的案例，那么组织所面临的机遇应该是其中需要特别强调的一点。管理团队应该真正意识到上述趋势所带来的机遇，并为之感到兴奋。

当然了，没有人能保证转型成功，但这个过程本身也给组织提供了一个重要的学习机会。在前面提到的两种情况，即使管理团队倾向于采取行动，但在其成员之间也可能会普遍存在一种态度，那就是担心组织中会有人抵制变革、质疑变革的必要性并认为变革可能会给组织带来混乱。这种担心会让管理团队陷入瘫痪，因此我们有必要对其中的一些观点提出质疑。

然而有趣的是，随着心理学领域的发展，专家对人类欣赏新奇事物的生物学特性和进化特性有了进一步的认识。这种特性对人类来说意义非凡，这使人类比其他物种更有能力在历史的一些重大变化中生存下来。基于这种思路，如果在转型之旅中能够采取一种积极的、寻求机遇的方式，充分利用我们对新奇和变化事物的自然喜好，那将是非常有利的。

当你和你的领导团队在进行了一些讨论和思考之后，无论你的组织处于以上提到的哪种情况，你可能都会更倾向于采取改变行动，无论是渐进式的还是转型式的。此外，在你开始考虑“转型成什么”的时候，新的模式就会出现，我们将在后文中展开讨论。

为什么要成为一个敏捷数字化企业，而不是基于当下做一些渐进式的改变？

在转型的各种可能选择中，敏捷数字化企业是一个利用当前可用的关键杠杆来创造价值，提供良好的客户体验，并达成一系列目标的组织系统。这些关键杠杆包括组织的人员、技术和流程。

如图 2-1 所示，人员、技术和流程以相互协同和加强的方式发挥作用，通过协调这 3 种杠杆使其保持一致并释放潜力，推动组织更快地向敏捷数字化企业迈进。

这个因果循环图对于理解组织的目标是非常有用的，即成为敏捷数字化企业既是一件迫切的事情，也是你组织所属系统的目的。因此，我们必须仔细定义和协调将企业转变为敏捷数字企业所采取的措施，以防对企业外部的客户、社区甚至我们的环境产生意外的后果。

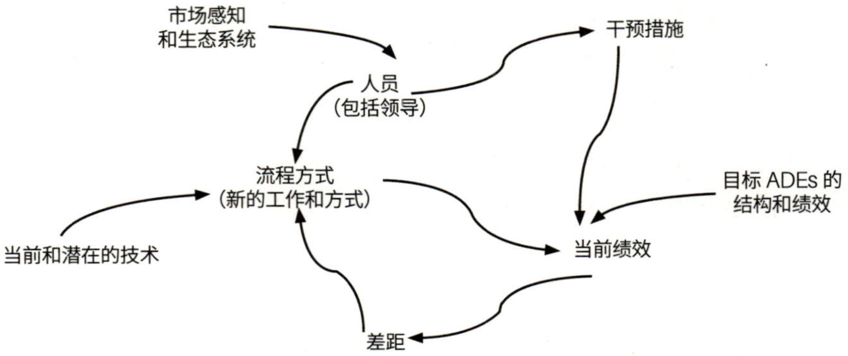

图 2-1 人员、技术和流程协同加强，创造敏捷数字化企业

作为一个自适应的、有生命的系统，组织遵循系统动力学的原则。在转型过程中，特别关键的一点是要理解因果关系的滞后性，它不是直接的、明显的，也不能通过简单地将问题分解为各个部分（简化法）来明确地判断。所以解决问题不仅需要从整体出发，还要考虑在设计和实施变革时组织内会存在天然的阻力，就像生命系统那样。最后，我建议从识别你的组织系统架构开始，确定适当的变革支点。

基于这样的思路并参考戴明（William Edwards Deming）的管理方法，组织所面临的 95% 的问题都与系统有关，管理团队有责任消除影响系统的障碍。同样，解决方案需要具有系统性，以确保它们能够实现长期的、可持续的结果，而不是虚假的（就像我们经常观察到的那样）短期改进。

敏捷数字化企业也是一个学习型组织，采用持续反思、持续改善工作方式的理念（Kaizen 理念）。这一理念是丰田公司在 20 世纪 50 年代设计丰田生产体系时贯彻的基本经营思想，当今敏捷数字化企业在使用这些原则时无论在速度、范围和复杂程度上都大大提升了。

在两个方面进行迭代

我们在前文中提到过，当定义商业转型画布高级目标状态要素时，它们的相关构件将体现与组织所选择的敏捷数字化企业成熟度的一致性。通过从根本上重新思考上述提到的每一个 BTC 要素，你的组织才能找到转型的真正的方向，并为成功转型为敏捷数字化企业奠定基础。

在你的领导团队审查敏捷数字化企业的特征，以及考虑它们应该如何在组织内应用时，请记住以下两点。

- 成为敏捷数字化企业并不是一个简单的“是”或“否”的问题，组织并非必须满足所有的标准才能被认为是一个成熟的敏捷数字化企业。向敏捷数字化企业的过渡是一个过程。企业的当前状态的 ADEs 指数和目标状态的 ADEs 指数都处于 0% ～ 100%。
- 商业转型画布框架的应用过程在以下两个方面进行迭代。
    - 在定义完概念化目标状态并开始处理商业转型画布的其余要素时，目标状态仍将被进一步完善，完善的细节会体现在商业转型画布的细化目标状态要素中。
    - 随着市场的变化，我们鼓励高管层积极、主动地审查商业转型画布中当前状态要素的最新状态，并基于市场变化所需的范围和深度启动新一轮评估。

使用商业转型画布定义概念化目标状态

商业转型画布的概念化目标状态要素包含 8 个构件，即使命、愿景、价值观、战略管理、商业模式（包括价值主张）、运营模式、企业架构和生态系统。这些构件需要在流程的早期进行定义，以确保对这些要素及其构件有个清晰的认识。

为了提供一个通用的（不针对特定行业或特定地区的）成熟的敏捷数字化企业的参考框架，我在下文中列出了构成商业转型画布的概念化目标状态要素的构件及其关键特征。当你基于组织背景来定义构件时，这些可以作为参考。

我们在前文中已经提到，你正在着手的转型可能并不是所有的特征都要达到成熟的敏捷数字化企业那种程度。基于对组织的重要性和相关性，一些特征可能留到以后再进一步提升。

本书还为你的领导团队提供了一些问题，供他们为概念化目标状态要素选择构件时参考。这些问题还可以帮助你的领导团队从根本上挑战当前的假设和工作方式，这些假设和工作方式可能需要在组织的目标状态中进行重大改变。

使命

通用、成熟的敏捷数字化企业的使命构件具有以下几个关键特征。

- 组织的使命是勇于创新、有抱负和有包容。它旨在为社会带来积极的影响。

- 组织希望将创造的影响均衡地分配给各个利益相关者。
- 组织的使命会为组织中的人员提供更深层次的意义，激发员工内在的动力和热情。
- 客户认可并支持组织的使命。客户忠诚度在很大程度上受到组织使命的影响。

现在，你也来定义一下你的组织在概念化目标状态下的使命。在开始动手之前，你可以参考下面通用的问题列表。你还可以根据自己组织的情况和面临的具体问题提出一些开放的、发人深省的问题。

- 你愿意为整个社会和世界的福祉做出贡献吗？你的组织如何才能促进社会福利事业？
- 在如何努力让世界变得更美好这个问题上，你希望你的组织为它留下什么遗产？你的组织希望在哪些方面做出贡献？
- 在被你的组织直接或间接影响的客户群体和社区中，你的公司因何为人所知？
- 该使命如何创造客户的忠诚度？它需要具备哪些特质来激励你的客户？
- 该使命如何提升员工的敬业度？它需要具备哪些特质来激励你的员工？你的使命如何才能赢得人心？
- 该使命如何能吸引投资者？它需要具备哪些特质才能对投资者产生吸引力？
- 组织的使命在多大程度上被具有不同需求和期望的利益相关者所包容或被认为是包容的？
- 当你思考组织的使命时，它在多大程度上像一个对社会负责的组织？
- 哪些与组织当前状态的目标、使命相关的历史遗产和假设，在其目标状态下仍然具有相关意义并需要被纳入考虑的范围？

愿景

通用、成熟的敏捷数字化企业的愿景构件具有以下几个关键特征。

- 组织明确了未来 3 ～ 5 年的目标。在理想状况下，愿景的一些要素也可以体现在更长远的规划内。
- 组织的愿景并不依赖于许多愿景声明中常见的那些诸如最好的、最大的等词语。一个敏捷数字化企业应该认识到，在指数级变化的时代，这些最好的、最大的形容词是短暂的。真正重要的是要有成为一个学习型组织的决心，这样的组织在任何时候都具备准备变革的能力，随时都成为最好的自己。
- 该组织概述了其愿景，并在多方利益相关者的参与下对愿景进行了进一步的细化。该愿景已经在更大的组织、客户和整个市场中广泛传播。
- 组织中的员工深刻理解并致力于实现该愿景。 他们能够清晰地表达愿景并理解新愿景的出发点。
- 组织在确定优先级、制定决策及分配资源时确保与组织的愿景和共享的价值观相一致。
- 高管层不断用易于理解的方式表述愿景，从而持续强化愿景。

在定义组织目标状态的愿景时，可以参考以下通用列表中的问题来进行讨论。同样，你还可以根据自己组织的情况和面临的具体问题添加一些其他问题。

- 在制定愿景的过程中，与你的组织相关的大趋势是什么？
- 该趋势对你的组织有什么影响？它们会给愿景的制定带来什么影响？
- 你想为包括你的客户、员工、股东、合作伙伴和你所在的社区在内的不同的利益相关者创造什么价值？
- 你的组织想向哪个方向发展？你的组织未来 3 ～ 5 年状态如何？
- 你如何描述未来 10 ～ 20 年你的组织的状态？
- 鉴于今天包括技术在内的许多方面都在发生着指数级的变化，在未来 10 ～ 20 年，你需要考虑的关键假设是什么？
- 组织的愿景在多大程度上激励了员工、投资者和客户？
- 你的愿景如何才能赢得员工的心，并激励客户和生态系统的合作伙伴？

价值观

通用、成熟的敏捷数字化企业的价值观构件具有以下几个关键特征。

- 敏捷数字化企业是一个以价值观为中心的强大组织，其价值观既反映普适原则也反映组织特有情境。这些价值观包括诸如以人为本、保护环境、正直、协作、务实、信任、透明、追求卓越、敏捷、自主与责任、问责制、长期导向、创新和以客户为中心等。
- 组织的价值观有助于使组织中的员工围绕一套共同的组织原则保持一致。员工深深地相信并致力于践行这些价值观，而不仅仅是认可。
- 组织已经对其信奉的核心价值观及战略价值观（如果适用的

话）做出了明确的选择，战略价值观在本质上是暂时的，但对于引导组织过渡到目标状态是必要的。
- 高层领导和整个组织内的其他领导者做到“言行一致”，展示或加强组织的价值观。
- 组织中的员工理解管理团队所倡导的价值观，并始终如一地执行这些价值观。
- 在组织的各个层面上，决策始终如一地与组织的价值观体系保持一致。

在定义组织目标状态下的价值观时，可以参考以下通用列表中的问题来进行讨论。同样，你还可以根据自己组织的情况和面临的具体问题添加一些其他问题。

- 组织当下信奉的价值观是什么？
- 哪些价值观已经在你的组织中存在并需要继续保留？
- 组织需要在转型到目标状态的过程中体现哪些战略价值观（如果有的话）？

战略管理

通用、成熟的敏捷数字化企业的战略管理构件具有以下几个关键特征。

- 组织的战略清晰明确，目标确定，管理团队已经做出了在哪些领域发力、放弃哪些领域的重要决策。管理团队已经意识到，一个完整的战略不会在开始的时候就完全定义，应该随着时间的推移，在组织行使或扩展能力使其不断寻求新的机会和战略的过程中逐渐呈现。

- 组织有一套健全的战略管理流程，而且开发了超感知类型的能力，可以不断扫描市场，识别威胁、趋势和机遇。
- 战略规划过程与年度运营计划、预算过程紧密相连。而敏捷数字化企业可能会采用“超越预算”（Beyond Budgeting）①的思维模式，因此不存在正式的预算。
- 组织定期评估策略和积极使用反馈循环。
- 管理团队明白，没有一个“放之四海而皆准”的战略。管理团队乐于在不同业务领域采用不同的战略。

在定义组织目标状态下的战略管理时，可以参考以下通用列表中的问题来进行讨论。同样，你还可以根据自己组织的情况和面临的具体问题添加一些其他问题。

- 在制定战略时应注意哪些关键的大趋势？
- 你的组织所在的行业、市场、生态系统中出现了哪些早期微弱的颠覆信号和机遇？
- 你的组织正关注哪些深刻的、渐进的进程？这些进程可能在多大程度上对你的行业造成黑天鹅式的影响（宏观经济、新机会或颠覆方面）？
- 根据你的组织所处的环境，使用 Cynefin 框架②作为参考模型，你将如何描述你的组织所需要解决的系统问题？

---

① 超越预算方法的其中一个解释：其核心原则是不依赖传统的正式固定预算，而是依赖预测，并与行业内其他组织进行比较来评估自己的表现。这种方法旨在提供灵活、迅速的决策支持，以应对快速变化的环境。——编者注

② Cynefin 框架最早是 1999 年由威尔士学者戴夫·斯诺登（Dave Snowden）提出的。这个框架用于描述问题、环境和系统，说明不同的环境就选择与之对应的适合的解决方案。——编者注

- 根据前面几个问题的答案，你可以设想出哪些场景？
- 在不同的视野下，你将如何描述你的战略和主要目标？
- 如果出现其他情况，你的新策略的稳健性或适应性会如何？
- 创造网络效应型战略的机会有哪些？
- 考虑到你的业务领域和其他业务环境的不同，你们在多大程度上采取了灵活的战略方法，而不是采用“放之四海而皆准”的战略？
- 在经历了最初的转型之后，你打算如何去扫描和感知市场中的趋势、新机遇和威胁？
- 你将如何创建有效的反馈循环来定期评估你的战略？

商业模式

通用、成熟的敏捷数字化企业的商业模式构件具有以下几个关键特征。

- 组织已经清楚地定义了它的业务模式，以及它如何创造、传递和获取价值。组织展示和传达商业模式时采用了商业模式画布、Odyssey 3.14[①] 或其他框架。
- 组织所选择的商业模式是独特的，并在该组织所处的行业或产业中具有显著的差异性，帮助组织获得卓越的成果（包括营利能力）和相应的网络效应。
- 组织的员工理解并一致践行该商业模式。商业模式是组织领导团队进行能力投资和合作伙伴选择决策的重要指导。

① Odyssey 3.14 是帮助企业创建或重塑商业模式的开创性框架，它是由劳伦斯·莱曼－奥尔特加（Laurence Lehmann-Ortega）和埃莱娜·穆西卡斯（Hélène Musikas）开发的。其中 3 是指价值主张、价值架构、利润方程式，14 是指创新过程中 14 个提供思考问题的方向。——编者注

- 组织对客户的价值主张是引人注目的，并将客户体验提升到一个全新的水平。价值主张画布[①]是组织用来定义和传达价值主张的工具。

在定义组织目标状态下的商业模式时，可以参考以下通用列表中的问题来进行讨论。同样，你还可以根据自己组织的情况和面临的具体问题添加一些其他问题。

- 在选择或设计你的商业模式时，需要遵循哪些原则？
- 上述大趋势如何为开发独特的商业模式创造机会？
- 哪些商业模式（包括平台商业模式）应该在较大的组织范围内和组织的不同关键领域中占主导地位？
- 在组织的目标状态下，企业和各关键部门的商业模式画布是什么样子？
- 你认为在商业模式画布的右侧（创造新价值）或左侧（改善价值网络）中，哪部分有更多机会？
- 如何将组织的实体能力和数字能力结合起来为客户提供新的价值？你能想到哪些与数字孪生相关的想法来实现这一点？
- 你如何重新定义你的商业模式，以便更有力地创造和获取“体验驱动的价值”？
- 你的组织如何积极拥抱和使用人工智能来创造新的商业模式和价值？

① 价值主张画布（Value Proposition Canvas）这一概念由奥斯特瓦德和皮尼厄在他们的另一本书《价值主张设计》（*Value Proposition Design*）中提出，并进行了详细解释，价值主张画布可以通过客户信息与价值主张这两个部分帮助企业系统地理解和设计其产品或服务的价值。——编者注

运营模式

通用、成熟的敏捷数字化企业的运营模式构件具有以下几个关键特征。

- 组织已经在人员、流程和技术方面做出了关键的决策或权衡，以支持战略和商业模式。
- 组织是扁平化的，没有证据表明在组织各层级中存在重复的角色。
- 组织设计是动态的。组织的结构、流程和体系可以随着市场条件的变化而不断调整。
- 该组织是敏捷的，其端到端的业务流程是无障碍的，数据可以广泛使用或共享。组织的员工可以广泛使用从内部和外部获得的数据，不断进行试验并产生见解。
- 组织对决策权和问责制有明确的定义。
- 组织对各级领导的选拔取决于他们建立和维护与团队成员之间信任关系的能力，以及对组织的全局观和对新知识的求知欲。
- 在战术层面上，组织鼓励团队进行自组织和自管理。

在定义组织目标状态下的运营模式时，可以参考以下通用列表中的问题来进行讨论。同样，你还可以根据自己组织的情况和面临的具体问题添加一些其他问题。

- 在选择或设计你的运营模式时，需要遵循哪些原则？
- 在整个组织中，哪些业务流程或功能需要集中处理，哪些需要分散处理，哪些需要标准化，哪些需要定制？
- 在组织的目标状态中，对结果采取什么样的问责制？

- 组织如何进行扁平化设计才能最大限度地提高敏捷性，同时避免严重的过度协调？
- 在组织的目标状态下，哪些客户旅程（包括内部客户旅程）是至关重要的？你如何将这些旅程可视化？
- 哪些业务流程可为上述的客户旅程提供支持，并且是创造差异化和价值的关键？你如何将这些业务流程在其目标状态下可视化？
- 你会如何描述你所在组织的未来工作？你打算如何保持员工之间的联系和参与？
- 哪些技能和能力对于成功交付这些差异化的功能是至关重要的？
- 在设计目标组织时，你需要采用哪些设计上的假设，以确保组织将来有条件不断调整其结构、角色、奖励和体系？
- 除基于敏捷的团队结构外，你还可以在哪些业务领域采用或尝试像合弄制（Holacracy）① 这样的新组织模型，以进一步提高组织效率？
- 你在组织内的哪些领域和多大程度上愿意让团队采用自组织和自管理的实践？
- 当前出现的哪些技术对你的组织在目标状态下的成功是至关重要的？
- 在组织的目标状态下，你打算如何利用数据、计算能力和人工智能、机器学习和深度学习方法或算法创造新价值？
- 关于使用内外部资源，或者使用本地部署和云服务等方面的

① 合弄制也译为“全体共治”，是由角色来承担工作的管理系统。一项工作被看作一个“角色”，同一个人可以选择承担不同角色，和其他人配合完成工作。这种“无领导管理方式”将公司组织架构去中心化，是一种全新的组织模型。——编者注

资源，你正在做的关键选择是什么？

- 从风险的角度来看，为了防止破坏安全的事件发生，哪些是需要高度保护的关键的服务、业务流程、系统和其他组织资产？
- 需要部署哪些控制原则来保护组织免受安全事故的影响？

企业架构

领导团队正式认可企业架构是一门学科，是组织的战略、转型和变革准备能力的关键推动者。组织已经定义了一个清晰的企业架构愿景，企业架构的 4 个领域被很好地整合成一个框架且相互关联，来支持组织的战略目标并实现其商业模式。技术债务（如果有的话）被妥善处理并保持在最低水平。

通用、成熟的敏捷数字化企业的企业架构构件在业务架构方面具有以下几个关键特征。

- 领导团队对组织蓝图和如何实现业务目标有一个强有力的共识。
- 领导团队已经定义了组织的价值流及现有和未来的业务能力，以便向客户交付令人瞩目的价值。
- 功能图、价值流图和组织地图用于共享和交流业务架构。
- IT 和非 IT 的计划可以追溯到其旨在创建的功能，而功能与战略保持一致。

通用、成熟的敏捷数字化企业的企业架构构件在应用架构方面具有以下几个关键特征。

- 现有和未来的应用架构组合已经被定义和映射，该组合是根据业务架构制定的，并与业务功能保持一致。
- 应用架构功能的组合是动态的，用来支持组织不断变化的需求。该组合不断围绕通用平台和合适的松耦合的应用架构进行标准化。
- 组织已在很大程度上采用了面向服务、微服务的架构，通过利用可重复使用的服务组合，轻松地重新配置业务流程。
- 应用架构通过提供新应用架构的开发和部署能力来支持创新。该架构还具有高度的灵活性、互操作性、可扩展性，并适当混合了本地部署和云服务的应用架构。
- 该组织已完全采用了敏捷、规模化敏捷和 DevOps 原则和实践，具备了在需要的情况下每日进行大量交付的强大能力。
- 该组织还在开发过程的早期建立了安全代码实践——DevSecOps[①]。

通用、成熟的敏捷数字化企业的企业架构构件在数据架构方面具有以下几个关键特征。

- 数据被作为关键的组织资产进行管理，特别是可以在人工智能（AI）或机器学习算法（Machine Learning，ML）中使用的标记数据。
- 组织已经实现了数据策略、数据管理和主数据管理机制，以

① DevSecOps（Development Security Operations），又称为安全 DevOps，相较于 DevOps，它可以最大限度地在软件上线前减少产品漏洞，每个人都应对应用架构的安全负责。——编者注

创建一个权威的数据源。

- 数据架构的设计旨在实现跨应用架构、跨组织业务、跨职能单位的数据共享。
- 为了更好地了解客户体验和绩效，组织有能力收集大量的外部数据（例如，非结构化的社交媒体数据、通过生态系统伙伴关系产生的数据等）和内部数据［ERP、客户管理（Customer Relationship Managemet，CRM）、生产执行系统（Manufacturing Execution System，MES）等系统］，对其进行分析并产生洞察。
- 整个组织内广泛地共享情境化数据和非情境化数据，以便更好、更容易地生成洞察。有各种机制（数据仓库和数据湖）来确保真相的单一版本。

通用、成熟的敏捷数字化企业的企业架构构件在技术架构和安全方面具有以下几个关键特征。

- 技术架构的设计中包含了必要的敏捷性、灵活性和可扩展性，以支持组织的战略。
- 该组织广泛使用各种云模式（XaaS）以获得敏捷能力，并从固定成本模式转向可变成本模式。
- 组织已经有一个定义好的、基于组织的战略和长期愿景的、包含公有云和私有云的混合云部署模型。
- 安全制度、标准和程序已经正式制定并实施。
- 人们对安全风险有很高的认识，并采取了强有力的控制措施。
- 即使在使用 XaaS 的情况下，组织也要引入独立的安全即服务（Security as a service，SECaas）提供商对云操作进行安全监控。

在定义组织目标状态下的企业架构时，可以参考以下通用列表中的问题来进行讨论。同样，你还可以根据自己组织的情况和面临的具体问题添加一些其他问题。

- 组织目标状态的企业架构的愿景是什么?
- 在企业架构的选择、设计中，需要遵循哪些原则?
- 目标状态企业架构的作用范围（边界）是什么?
- 在定义概念化目标状态的企业架构时，有哪些现有的架构可供参考、分析和借鉴?
- 组织在其目标状态下需要具备的核心能力是什么? 哪些已经存在，哪些尚待发展?
- 在组织的目标状态下，应用架构的组合应该是什么样子? 在当前初步的概念化工作阶段，哪些应用架构应该考虑可能被现代化、被取消或被收购?
- 数据架构的愿景是什么，在目标状态下组织将如何使用数据?
- 在组织的目标状态下，基础技术架构应该是什么样的? 组织在多大程度上愿意考虑云服务?
- 管理团队在接受和采用 DevOps 原则和实践以显著提高组织的敏捷性而为客户提供新的解决方案方面愿意投入多少?

生态系统

通用、成熟的敏捷数字化企业的生态系统构件具有以下几个特征。

- 为了与商业模式保持一致，组织在双赢的基础上确定了生态系统中的关键伙伴关系，并将其付诸实施。
- 组织已明确定义其在生态系统中的角色并执行。在某些情况下，组织可能成为生态系统的协调者。

- 组织已经在多个层面上构建了合作能力。
- 组织跟踪多个指标以监测生态系统的效率、有效性和结果，并检测网络效应。
- 组织以目标的商业模式为准绳，不断扫描市场，以寻找新的价值创造伙伴。
- 该生态系统是开放的、不断进化的，并具有时刻准备扩展其成员的能力。生态系统内的合作伙伴共同努力，不断创造新的价值。

在定义组织目标状态下的生态系统时，可以参考以下通用列表中的问题来进行讨论。同样，你还可以根据自己组织的情况和面临的具体问题添加一些其他问题。

- 在设计你所在组织未来的生态系统时，需要遵循哪些原则和标准，以及支持哪些直接的伙伴关系？
- 你当前可以为组织的目标状态选择哪些伙伴关系？
- 你计划在组织的目标状态中利用哪些网络效应机会？
- 在目标状态下，你所在组织计划在所属的生态系统中扮演什么角色？
- 在目标状态下，你所在组织需要具备哪些生态系统管理能力？
- 你所在组织可以加入哪些生态系统来加速自身的学习进程？

正如前面提到的，由于组织是一个复杂的系统，构件之间会产生交互。尽管在商业转型画布流程的这个阶段，所有的定义尚停留在概念层面（本质上是方向性的，还没有详细定义，也没有实现或具体化），但仍必须采取积极、主动的方法来评估不同构件之间的交互和由此产生的影响。

以下问题旨在引导你进行这项工作。

评估构件之间的交互和一致性

- 检查一下你的商业转型画布的概念化目标状态要素及其构件，它们在多大程度上是一致的并相互加强？
- 在你所在的组织中，随着构件的实施和交互的发生，你能预见到哪些潜在的风险和意外的后果？
- 有哪些独特的方式可以将目标状态下的构件结合起来，以进行创新并产生新的价值？

再次强调，组织在转型成为敏捷数字企业时虽然设立了组织的目标状态下要具备的特征，但也接受在转型过程中出现的一些新的、适合的特征。

尽管前面描述了一些通用的成熟敏捷数字化企业所具备的关键特征，但我们可以合理地假设，基于你所在组织的背景和所处的具体环境，你做出的选择会与成熟敏捷数字化企业之间存在一些差异。这种情况是合理的，原因可能有以下两个方面。

- 在设计上，你可能希望在一些属性、构件上与成熟的敏捷数字化企业有所区别。由于与组织的历史、文化、行业或地区相关，你定义的组织的目标状态可能会是一个不太成熟的敏捷数字化企业。你和你的领导团队经过深思熟虑之后可能做出这种决定，它是完全合理的。
- 在你最初的转型周期中，很可能有几个构件不会达到成熟度级别。同样，作为一个受制于各种条件的自适应性系统，各构件成熟度的滞后表明组织需要更多的时间来适应更复杂的特征。

组织的目标状态与成熟的敏捷数字化企业之间的偏差可以通过计算 BTC 构件的逻辑组合的 ADEs 指数来量化。ADEs 指数范围在 0% ～ 100%，其中 100% 对应的是完全成熟的敏捷数字化企业。

ADEs 指数评估结果达到 75% 以上的企业就可以被认为是成熟的敏捷数字化企业，处于 50% ～ 75% 的企业属于中间状态，传统型企业的 ADEs 指数结果则低于 50%。这些分类阈值可能有些武断，但这里需要强调的是，在正常情况下，更高的 ADEs 指数结果应该是高管人员和更大的组织所追求的。

当你下定决心想使自己所在组织成为敏捷数字化企业，并意识到这样一个目标所蕴含的巨大的潜力时，你就应该从长远规划，大胆思考，创造一个令人瞩目的愿景，以此激发整个组织的热情和动力。用希腊哲学家亚里士多德的话说，“灵魂的思考离不开愿景”。

此时此刻，你已经完成了商业转型画布的第一个要素的定义。虽然我们在前文中提到，这个要素在本质上是“概念性的”，将在稍后的“细化目标状态”BTC 要素过程中被细化。然而，它能够为接下来商业转型画布中其他要素的配置和转型计划的制订提供一个重要的方向和灵感。

从第 3 章开始，我们将讨论商业转型画布中面向未来状态的要素，即“目标的度量、绩效和客户感知”及其相关的构件。

- 把敏捷数字化企业作为组织追求的目标。
- 领导团队有权选择全部还是部分地接受成熟敏捷数字化企业的构件特征。
- 组织对完全成熟的敏捷数字化企业的采纳程度是通过 ADEs 指数来评估的，该指数在 0% ～ 100% 不等。你设定的作为目标的 ADEs 指数越高，你就越有能力激励组织且获得强大的变革准备能力而实现长期成功。

第 3 章

THE AGILE DIGITAL ENTERPRISE

目标的度量、绩效和客户感知

并非所有重要的东西都可以通过计算搞清楚，也并非所有能计算清楚的东西都很重要。

——爱因斯坦

恭则不侮，宽则得众，信则人任焉，敏则有功，惠则足以使人。

——孔子

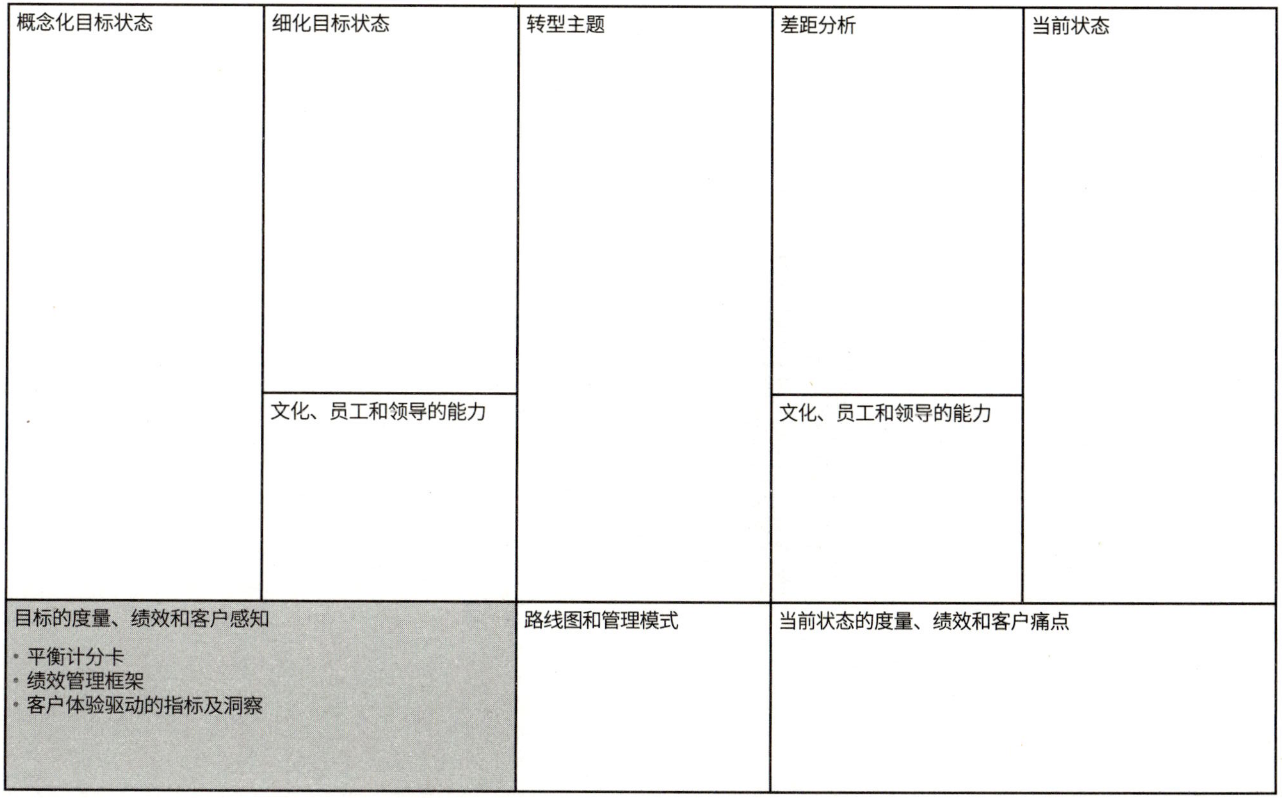

目标的度量、绩效和客户感知 BTC 要素及其构件

第 3 章主要探讨目标的度量、绩效和客户感知 BTC 要素。本章着重于建立转换战略的机制，确定什么是关键的度量，特别强调与客户体验相关的指标，并说明组织的目标绩效应该达到什么样的标准。正如本章章首页中引用的爱因斯坦的名言中所暗示的那样，一套精心选择的指标是组织控制运作并提高绩效的基础。此外，本章还讨论了要确定一套能适当感知市场、感知客户趋势的能力，以及通过这种持续的外向型感知能力开发客户洞察。

商业转型画布的目标的度量、绩效和客户感知要素包含以下 3 个构件：平衡计分卡、绩效管理框架、客户体验驱动的指标及洞察。

下文描述了一个通用、成熟的敏捷数字化企业在上述构件中表现出的特征。在介绍这些特征的时候，我延续了在第 2 章中使用的方法，列出了一系列问题，当领导团队深入思考组织的目标状态时，可以在这些问题的指导下做出决策。

用平衡计分卡度量组织转型工作进度情况

在概念化目标状态 BTC 要素中，随着战略的制定，有必要对战略进行解释，并进一步将其传达给更大的组织。平衡计分卡是支持转型过程的一个关键构件。平衡计分卡是由罗伯特·S. 卡普兰（Robert S. Kaplan）和戴维·P. 诺顿（David P. Norton）在 20 世纪 90 年代开发的，后来在 21 世纪初又加入了战略地图的概念。

在 BTC 框架中，平衡计分卡是采用多维度的方法来定义与组织的战略目标或战略主题相一致的通用指标。毫无疑问，虽然由卡普兰和诺顿开发的平衡计分卡方法非常强大，但像 BTC 框架中的其他构件一样，你也可以自由决定是否选择。

在各种方法和工具中，超越预算法给我们带来了一个新的视角，即如何避免预算通常给人们带来的最小分母的心态。根据超越预算的思路，组织应该对比其同行的表现来度量自己的绩效。因为在一个充满活力和高度竞争的环境中，真正重要的是你比同行做得好还是差。我强烈建议你了解这种方法，并考虑在你的组织转型工作中进行尝试。

顾名思义，平衡计分卡的目的是通过获取一系列指标来度量组织在实现与概念化目标状态 BTC 要素确立的目标保持一致的关键结果的进展情况。平衡计分卡的开发者曾强调，平衡计分卡中既要包含结果驱动的指标，也要包括内部驱动相关的指标，这一点非常重要。在平衡计分卡中将这两类指标划分为 4 个维度。通过观察分析这 4 个维度，你的组织将自然而然地被迫去建立一套更平衡的指标体系，这将不仅局限于许多公司计分卡中只重视财务指标的常见做法。因此，平衡计分卡将转换组织正在追求的战略，采用一套平衡的度量标准，这意味着该战略在多个维度和时间范围内实现了平衡。

通用、成熟的敏捷数字化企业的平衡计分卡构件具有以下几个关键特征。

- 组织在所有级别上都使用了既包含财务目标又包含非财务目标的一系列度量指标。
- 组织使用的指标大多数是领先指标（而非滞后指标），这样可以使组织积极、主动地管理绩效。
- 组织的各个级别都在跟踪以客户为中心的指标。这些指标的跟踪是跨越部门界线和项目流程的，而不是孤岛式度量。
- 组织使用可访问实时数据的数字仪表盘生成度量数据，并保持随时更新。
- 对于那些用于度量标准的底层数据，确保真相的单一版本。数据管理实践确保数据的质量和可信性。

在定义组织目标状态下的平衡计分卡时，可以参考以下通用列表中的问题来进行讨论。同样，你还可以根据自己组织的情况和面临的具体问题添加一些其他问题。

企业级别或最高管理团队的平衡计分卡

- 目标状态下的组织，我们应该在其平衡计分卡中采用哪些观点和维度？
- 哪些指标需要出现在企业级别或最高管理团队的平衡计分卡中，以便正确传达组织的目标和战略？

- 评估组织绩效时，我们应该在多大程度上采用与同行对比的方法，而不是采用实际支出与预算对比的方法?
- 从跨多角度或维度的视角看，你的平衡计分卡的平衡程度如何?
- 哪些面向客户的指标包含在最高级别的平衡计分卡中?
- 管理团队在多大程度上愿意让组织在各级别的实时指标或仪表盘上投资?
- 平衡计分卡使用过程中的周期性评估频率是多少?

业务部门和关键职能部门的平衡计分卡

- 在业务部门和关键职能部门层面，平衡计分卡应该设计成什么样子才能保证其既与企业层面的平衡计分卡保持一致，又能正确反映这些业务、职能部门的战略?
- 组织目标状态的平衡计分卡在多大程度上将领先和落后的指标结合在一起?
- 平衡计分卡内包含了哪些以客户为中心（包括内部客户和外部客户）的指标?
- 领导层在多大程度上了解自己的数据并知道如何解读这些数据?
- 组织如何增加对来自不同度量指标的数据的可信度?
- 平衡计分卡使用过程中的周期性评估频率是多少?

商业转型画布进行到这一阶段，企业级、业务部门和关键职能部门两个级别的平衡计分卡应该都已经定义完成了。组织内其余级别的平衡计分卡将在讨论商业转型画布的细化目标状态要素时进行定义。

用绩效管理框架实现三重良性循环

绩效管理框架旨在定义组织将正式采用的战略管理系统，用于进一步加深战略、战略执行和组织日常运营之间的联系。本构件包含以下 4 项关键活动。

- 绩效管理框架要求定义组织将采用的战略管理系统。卡普兰和诺顿开发了一个有趣的用于定义该系统的方法，在他们的《平衡计分卡战略实践》（*The Execution Premium*）一书中有详细的讨论。
- 绩效管理框架要求建立敏捷数字化企业绩效管理办公室，负责设计、实施和维持组织各级的绩效管理系统。
- 绩效管理框架要求指导和培训组织各级有效且高效地使用绩效管理系统 。
- 绩效管理框架要求与组织的高管层和其他关键利益相关者合作，在整个组织中推动一种数据驱动和高绩效的文化。

如图 3-1 所示，战略管理系统的底层逻辑中包含三重良性的 PDCA[①] 类型的学习循环。图中还显示了不同的评估周期。内圈（每日、每周、每月）评估频率最快，其次是中圈（每周、每月、每季度）和外圈（每季度、每半年、每年度）。

鉴于敏捷数字化企业所处环境是动态的，组织收集并处理实时数据，由此产生洞察并做出决策，这是非常重要的。根据数字孪生的概念，数字化企业应该在内部发展横跨整个组织的绩效跟踪能力。

---

① 即计划（Plan）、执行（Do）、检查（Check）和处理（Act）的首字母。——编者注

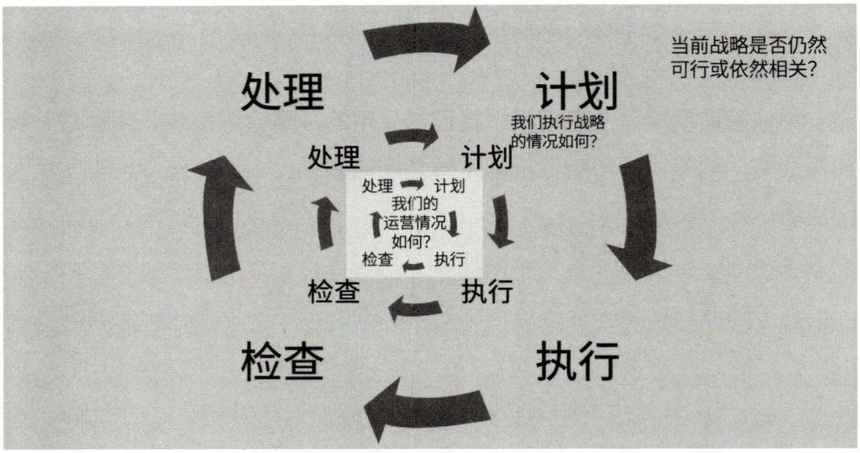

图 3-1 敏捷数字化企业的绩效管理系统：三重良性循环

基于高德纳公司的说法，“数字孪生体是现实世界中存在的实体或系统的数字表现。数字孪生体是一个封装的软件对象或模型，它映射了一个独特的物理对象、流程、组织、个人或其他抽象概念。来自多个数字孪生体的数据可以汇总形成复杂的视图，反映多个真实世界的实体(如发电厂、城市或其他类型)及其相关流程”。

我建议应该让你的组织具备相应的和实时的业务及运营绩效的意识。为实现这一点，组织可以在各级部署度量指标和支持系统，由此自动获取实时或最低延时的指标状态。这些电子计分卡将成为你的组织的数字孪生体。它们将及时反映身处一个不断变化环境中的组织内外部正在发生的情况，并显示这些事件是如何影响组织绩效的。

你应该避免等待将准确的财务信息添加到这些实时电子计分卡中的诱惑。对于数字孪生来说，其基本的理念是使用估算型的指标，这些指标可以使用事件、标准化参数和其他启发式方法进行实时的更新，以便将实时绩效数据、信息和事件驱动的数据及其他信息相组合，及时为组织的洞察和行动提供方向性视角。

从实施的角度来看，你的数字孪生能力最初应该集中部署在组织各级中需要进行实时监控的关键流程上。随着时间的推移，可能会有越来越多的数字孪生体被部署到位或现有的孪生体被扩大，以进一步提高你对业务的了解能力。然而，在许多不那么关键的流程中，数字孪生体是没有必要部署的，至少在最初阶段是这样。

如果你有兴趣部署前文描述的实时监测功能，那么可以考虑建立一个绩效管理办公室。这个办公室是一个小型的卓越中心类型的部门或团队，负责设计和实施组织的绩效管理系统，并为组织提供绩效管理实践所需的工具。

除辅助组织持续管理业务绩效外，敏捷数字化企业绩效管理办公室还将与负责指导业务计划落地的项目管理办公室一起合作。虽然转型过程的具体计划将在商业转型画布的转型主题和路线图与管理模式要素中进行定义，但必须指出的是，在大多数转型计划被定义之前，敏捷数字化企业绩效管理办公室就已经在细致地审查当前正在进行的、与战略不一致或不会为组织带来价值的计划。人们很容易采取沉没成本的态度，选择回避那些由于审查或取消正在进行的计划时会遇到的阻力。然而，我们为了更好地创造价值，要适时地释放组织的能力和资源，这对于组织的发展是非常关键的。

通用、成熟的敏捷数字化企业的绩效管理框架构件具有以下几个关键特征。

- 组织在运营中有一个动态的节奏（结合了周期性事件和事件

驱动的事件）和系统性的流程审查组织内多个级别的业务绩效。
- 组织已经创建数字孪生体来实时监测关键流程和绩效。
- 领导团队共同做出的关键决策往往是基于价值观而非规则，其中次优或折中的决策并不常见。
- 仪表板和其他计分卡是可信的，并在绩效评估过程中使用，评估过程中除了有描述现状的指标，还有计分卡和其他辅助报告通过预测分析法得出的指标。
- 绩效考核会议聚焦讨论意外事件、探索新思路和分享学习成果。领导团队以行动为导向，确保了解造成系统不同级别偏差的根本原因并采取行动。
- 绩效管理框架对绩效结果规定明确的问责制，并得到积极执行。
- 组织采用反馈循环在战术层面评估绩效，包括战略的执行情况。组织进行积极、快速和频繁的反馈。
- 组织定期审查战略的相关性及其基本假设，以确保它们仍然有效。然后，管理团队不但分析战略的结构性变化（可能的情况下需要重新定位战略），而且也分析由市场信号而非噪声或波动导致的变化。

在定义组织在目标状态下的绩效管理框架时，可以参考以下通用列表中的问题来进行讨论。同样，你还可以根据自己组织的情况和面临的具体问题添加一些其他问题。

两个最高级别（公司级别和业务、职能级别）的绩效管理框架

- 组织目标状态绩效管理流程中关键的基本原则是什么？

- 你如何描述新的绩效管理流程？组织将在多大程度上在内建立一个系统化和结构化的绩效评估流程？
- 为了实时跟踪绩效，哪些关键流程将拥有数字孪生体？
- 目标状态的绩效管理流程将在多大程度上利用内外部数据来更深入地分析绩效差距的根本原因？
- 你计划如何采用那些从预测性或规范性的算法和分析中获得的新指标？
- 组织计划如何分享绩效管理周期中产生的经验教训并将其制度化？
- 组织将如何跟踪在绩效评估周期过程中产生的一系列计划？
- 组织将如何确保图 3-1 中提到的 3 重良性循环的使用？
- 除在更具战术基础上审查绩效外，组织将采用什么方法来定期审查战略的执行情况和战略的相关性？
- 计分卡中选择的每一个指标由谁来负责？
- 领导人将如何对战略的正确执行负责？

提高客户感知，产生新的价值

一方面，高管层已经在商业转型画布的概念化目标状态要素中形成了一个令人信服的价值主张。现在，与客户感知相关的客户体验驱动的指标及洞察构件则专注于开发广泛的组织能力，以深入了解客户需求并管理端到端的客户体验。

另一方面，高管层将在“塑造强大的以客户为中心的公司文化方面”发挥重要作用。以客户为导向的度量指标在整个组织中得到适当的推广，度量客户体验的能力应当深深嵌入组织的流程。在创建新业务流程和修改现有业务流程时，组织应该部署类似工业领域正在使用的物联网技术那样的传感器类型的功能。

从设计角度出发，在组织转型为敏捷数字化企业过程中，数字化的数据和分析数据的能力将逐渐成为整个组织的核心能力。为了保障数据的可用性，需要慎重地部署组织级别的功能及和人员相关的功能。这些功能将有助于组织在面临自身的业务问题和机遇时，持续分析数据，产生洞察，并试验新的想法。

正如前文中提到的，组织正面临一个巨大的机遇，通过结合数字技术、稳健的流程和积极的员工，更好地服务客户并产生新的价值。如果你的组织打算使用这些因素做杠杆，我建议在组织的目标状态中，客户感知的流程设计应该考虑如何识别新的客户趋势和需求，同时应该更加深入地了解与其相关的基本问题。

通用、成熟的敏捷数字化企业的客户体验驱动的指标及洞察构件具有以下几个关键特征。

- 该组织已经建立了数据收集和数据挖掘工具，可以跨多个渠道实时跟踪客户偏好和反馈。
- 该组织已经部署了一套稳健的流程，不断地根据客户数据分析和直接观察的结果进行洞察并采取行动。
- 该组织坚持不懈地进行试验，从而获得经验教训，可以更深入地了解客户的需求和体验。
- 该组织有一个强大的数据文化和基于证据的决策方式。
- 客户的数据是在遵守相关法规的情况下公开透明使用的。组织在征得客户的许可下，通过获取数据来获得他们期望的价值。

在定义组织在目标状态下的客户感知时，可以参考以下通用列表中的问题来进行讨论。同样，你还可以根据自己组织的情况和面临的具体问题添加一些其他问题。

- 你面对客户的核心价值主张是什么（根据概念化目标状态 BTC 要素定义的）?
- 你将如何在整个组织中逐级理解当前的价值主张?
- 你将如何跟踪和度量客户体验? 你将使用哪些度量指标?
- 组织计划如何使用来自核心交易系统的综合运营数据和来自社交媒体、调查、客户关怀系统、客户评论网站等的体验数据来更深入地了解客户体验?
- 组织打算如何借助类似“设计思维”这样的方法来获取对客户需求和体验更清晰的认识?
- 解决客户痛点的责任定义是否清晰? 在组织的目标状态下谁对客户体验和相关的客户旅程负责?
- 你多大程度上愿意在领导层中举办“客户日”类型的会议来解决客户的痛点，并发现创造良好的客户体验的机会?
- 你会与哪些同行在客户体验的角度进行对比? 你应该在多大程度上以你所在行业以外的公司作为基准进行对比?
- 如果打算让组织达到“对客户痴迷”的程度，需要建立哪些与数据相关的功能、流程和文化?
- 你如何利用丰富的数据让组织从一个洞察力贫乏的组织转化成一个洞察力丰富的组织?
- 你将如何结合运营数据和体验数据，为客户和业务创造新的价值?

评估构件之间的交互和一致性

- 检查一下目标的度量、绩效和客户感知 BTC 要素及其构件，它们在多大程度上是一致的，并可以相互加强?
- 根据组织的具体情况，随着构件的实施和交互的发生，你能预见到哪些潜在的风险和意外的状况?

当你继续使用商业转型画布框架时，为了实现目标状态的愿景和战略，下一个要定义的 BTC 要素是文化、员工和领导的能力。这些重要的议题将在第 4 章中进行讨论。

打造敏捷数字化企业
THE AGILE DIGITAL ENTERPRISE

- 为了与组织的战略目标保持一致，组织必须引入一个平衡计分卡式的方法和度量指标来支持目标的实现和战略的转型。
- 敏捷数字化企业充分了解到其运营环境的动态特性，并有一个严格的流程来定期审查其战略的相关性和其基本假设的有效性。
- 敏捷数字化企业应用数字孪生技术和方法，在实时或接近实时的基础上跟踪绩效。这种能力被应用于跨多个视图、利益相关者和层级的端到端关键流程上。
- 敏捷数字化企业的重点是实现对客户体验的深入的、基于同理心的理解，同时对客户体验进行持续监测。

第 4 章

THE AGILE DIGITAL ENTERPRISE

目标状态的文化、员工和领导的能力

如果你的行为能激励他人追逐梦想、乐于求知、勇于践行和渴求成功，你就是领袖。

——约翰·昆西·亚当斯

一年之计，莫如树谷；十年之计，莫如树木；终身之计，莫如树人。

——《管子·权修》

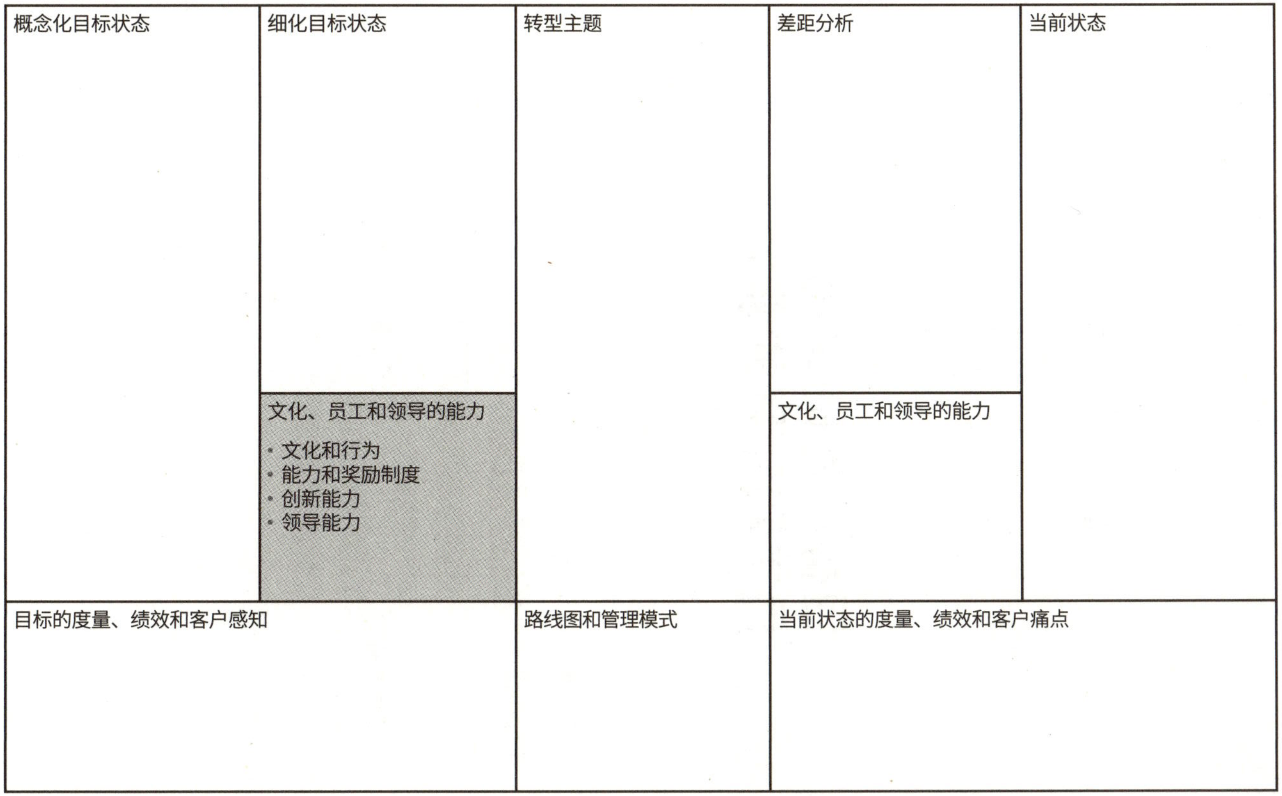

文化、员工和领导的能力 BTC 要素及其构件

本章重点讨论的要素是商业转型画布中非常特殊的一个。它涉及对组织目标状态的文化、员工和领导的能力 BTC 要素的深入分析和思考。

需要强调的是，成为敏捷数字化企业的过程并不会忽视文化和人员方面的重要性。**对于一些人来说，这可能是矛盾的或反直觉的，但敏捷数字化企业对业务敏捷性和数字技术的大力采用并没有削弱其对员工的重视。恰恰相反，敏捷数字化企业遵循的一个指导原则是：技术是增强组织人员能力的使能工具。**通过使用技术，组织的员工可以释放他们的创造力，进行创新活动，创造价值，提高业务的敏捷性，更好地提供良好的客户体验，使更多的利益相关者受益。

敏捷数字化企业是一个目标驱动的组织。组织的使命和员工追求有意义、有目的的生活愿望之间存在一致性。敏捷数字化企业不但认识到员工作为一个“完整的人”给组织带来价值的重要性，还认识到创造条件引导员工实现其潜力也很重要。

因此，敏捷数字化企业倾向于遵守杰里米·霍普（Jeremy Hope）在其《领导者的困境》（*The Leader's Dilemma*）一书中所描述的“适应性管理”原则。在这些原则中，我特别需要指出的是“建立一个以信任为基础的组织，使信息透明并广泛共享”。正如马克·吐温所言，“信任是我们最宝贵的东西，我们应该省着点用”。

因此，**当员工在使命的鼓舞、领导的激励和技术的赋能下，交付了高水平的客户体验并实现了良好的员工体验时，敏捷数字化企业就建立起了一个良性的和自我增强的循环。**图 4-1 描述了该循环。

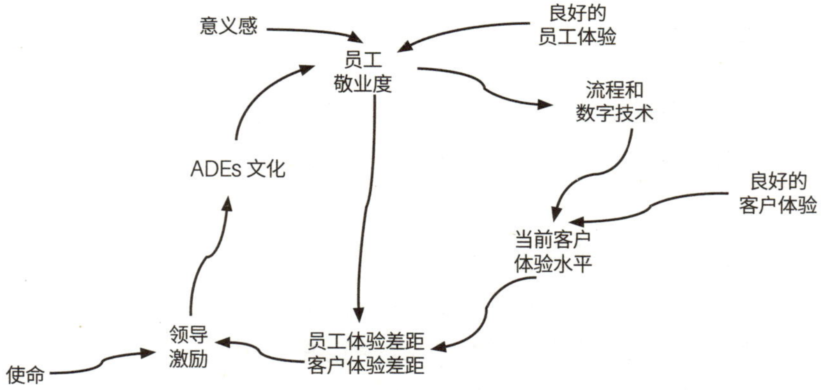

图 4-1 员工、领导和技术协同创造良好的客户体验和员工体验

当领导团队研究该 BTC 要素并定义其目标状态时，需要处理以下 4 个构件：文化和行为、能力和奖励制度、创新能力与领导能力。

下文介绍了一个成熟的敏捷数字化企业在上述构件中应该具备的特征。正如你注意到的那样，敏捷数字化企业的许多特征体现了对一些存在已久的管理原则和实践的有意识应用。在众多的伟大的管理学家中，我特别喜欢丰田生产方式创始人大野耐一（Taichi Ohno）、质量管理专家戴明和系统思考提出者彼得·圣吉。他们提出的这些原则往往具有普适性和长久的生命力，在今天依然适用。因为现在人们强烈地意识到，**人力和文化实际上是组织可持续竞争优势的真正来源。**

文化是组织可持续竞争之源

通用、成熟的敏捷数字化企业的文化和行为构件具有以下几个关键特征。

- 该组织有一种生成性文化，并能够持续学习和适应它所属的更大系统的变化。
- 该组织的文化特征是尊重个体和欣赏团队的集体成就。它还以无等级观念、透明、任人唯贤、多样性、包容性、求实导向和强烈的由外向内的视角而闻名。
- 组织虽然有明确界定的文化，但在招聘员工时注重的是员工的价值观契合度而非文化契合度。这种方法促进了员工思维的多样性，减少了群体趋同思维的影响。
- 协作、创新和以客户为中心等相关的行为被领导层和更大的组织了解并采纳。
- 该组织的人员享有很强的能动性，能够在本层级主动解决问题。
- 管理团队认识到，员工因为在组织的一线工作，所以他们对客户体验有更深的理解。管理团队还承认，如果员工非常了解组织的计划和目标，他们就可以采取相应的行动，需要管理团队进行协调的地方也就最少。

- 信息被广泛共享。组织成员认识到，真正的力量来自共享信息，而不是隐藏或保护信息。
- 在遵守道德准则的前提下，组织可以实时跟踪员工的敬业度。

与本书在前文中采用的方法一样，领导层在设计组织转型时，可以参考通用、成熟的敏捷数字化企业的关键特征。

在定义组织目标状态下的文化和行为时，可以参考以下通用列表中的问题来进行讨论。同样，你还可以根据自己组织的情况和面临的具体问题添加一些其他问题。

- 你想在目标组织中建立哪些基本的假设和信念？
- 哪些组织当前的基本假设和信念在目标状态下将不再有效？哪些因素阻碍了你的组织成为一个以人为本、创新、敏捷、以客户为中心、负责任的、营利的行业领导者？
- 从内部人士的角度来看，你会如何描述你所在组织的目标文化？它是如何体现在该组织“运作方式”中的？
- 你怎样才能在你的组织中创造一种生成性文化？你强烈拥护生成性文化的哪些特征？
- 从局外人的角度来看（如果有人参观你的组织），你希望他们对组织的文化有何评价？如果这个局外人可以利用这样的访问感受文化的氛围，他们会如何评价它？
- 为了更好地反映组织的文化和价值观，组织将积极鼓励哪些行为？
- 组织在多大程度上愿意接受跨业务部门、跨职能部门或跨地域之间存在差异非常大的亚文化？

依据能力制定奖励制度

通用、成熟的敏捷数字化企业的能力和奖励制度构件具有以下几个关键特征。

- 组织承认他们的员工是竞争优势的主要来源。
- 组织已经在其战略的基础上，明确定义了核心差异化能力，并在更大范围的组织内开发或获取。
- 组织投入大量资金，帮助员工提升技能和能力，以便实现差异化能力。
- 组织在内部广泛培养批判性思维能力、解决问题的能力、分析型技能和敏捷性。
- 组织创造所需环境，提供必要的支持和奖励，来促进人们建立持续学习的思维方式。
- 该组织认为员工有工作的内驱力。因此，组织承认金钱奖励的局限性，并在其奖励制度中更加注重尊重、尊严、学习意愿和为更大的目标贡献等因素。
- 组织对员工的反馈是持续的，通常是实时发生的，而不是僵化地遵循绩效评估周期进行。
- 奖励制度强化了自管理、建设性调研、以客户为中心、协作、多样性、团队合作和创新等方面。
- 组织在制定奖励制度时也认识到，创造一个允许探索和尝试的环境对促进员工的心理安全和创新是非常重要的。组织不仅仅奖励“找到正确答案”的人，也奖励“提出正确问题”的人和敢于直言的人。
- 组织鼓励团队围绕项目、价值流或客户群进行自组织，并鼓励在工作方式中使用敏捷方法。

- 员工不仅积极接受指导，还高度参与向组织的领导者提供反向指导的机制。

在定义组织目标状态下的能力和奖励制度时，可以参考以下通用列表中的问题来进行讨论。同样，你还可以根据自己组织的情况和面临的具体问题添加一些其他问题。

- 为了实现愿景，组织需要具备哪些与众不同的能力？
- 当你评估现有的技能和能力时，哪些技能和能力在组织的目标状态下仍然相关？是否存在差距？
- 在目标组织的招聘中，主要考虑候选人的哪些特征？
- 组织希望在多大程度上使用员工调查和实时机制评估员工的敬业度？你未来 3 年的员工敬业度目标是什么？
- 你将在组织目标状态中促进或鼓励实现什么样的心理安全水平？
- 你计划如何在组织的目标状态中促进或扩大多样性和包容性？
- 为了支持未来包含大量承包商和自由职业者的员工队伍，哪些人力资源的假设和流程需要到位？
- 组织将如何奖励高层、中层和运营层的员工？这种奖励制度有多透明？
- 组织将如何奖励其员工在协作性、建设性调研、以客户为中心、创新和持续改进等方面做出的努力？
- 在组织的整体奖励制度中，你可以加入哪些额外的机制以激发员工的内驱力和主动性？

创新是每个员工的责任

通用、成熟的敏捷数字化企业的创新能力构件具有以下几个关键特征。

- 整个组织高度重视创新，认为创新是每个员工的责任。
- 组织在超越产品和服务以外的多个维度进行实践创新。
- 组织通过不断地观察客户、市场和技术趋势，以发现新的想法和机遇，并采用系统流程和多样性的方法产生洞察、进行试验和实现规模化创新。
- 在创新文化中，人们需持有一种积极的心态或原则，即所有想法在经过确切的验证是无效或不好的之前，都是好的想法（而不是反过来）。在通常情况下，只有通过真正的试验和测试才能确定一个想法是否真正有效或可行。

在定义组织目标状态下的创新能力时，可以参考以下通用列表中的问题来进行讨论。同样，你还可以根据自己组织的情况和面临的具体问题添加一些其他问题。

- 当你审视这些大趋势时，你认为有哪些机会可以用创新引擎？你是否坚持不懈地进行创新并让自己始终处于测试版中的状态？
- 你应该如何创造一个鼓励创新和试验的环境？你将接受哪种组织原型来支持和培养持续创新？
- 根据你的战略，你将在整个组织内积极鼓励哪些类型的创新？
- 你愿在多大程度上投入资源，特别是通过商业模式创新、机器学习和人工智能等工具不断思考如何转型自己业务？你应该更多地关注什么？

- 为了更好地创新和解决新问题，你计划如何在你的组织中培养更高程度的非线性思维和系统化思维（而不是典型的分析性思维）？
- 当你在整个组织内传播创新能力时，你打算如何整合和协调可能出现的各种创新？
- 组织的收入中应该有多大比例来自过去 2 ～ 5 年开发的产品和服务？

领导者要以身作则

通用、成熟的敏捷数字化企业的领导能力构件具有以下几个关键特征。

- 领导者以身作则，践行他们期望在员工身上看到的行为，并因此受到尊重。
- 领导者具有同理心（高情商），在组织内采取服务型领导的风格，并具有良好的自我认知水平。
- 领导者在传达愿景和战略时，既具备指导性，又具备包容性，因为他们能吸引员工并倾听他们的意见。
- 领导者拥有一种开放的思维模式，使他们能够推动一种探索和建设性探究的文化，以此更好地感知市场机会。他们积极地实践逆向导师制（来自不相关行业或业务的外部人员进行的指导方法）。
- 领导人积极地与客户进行频繁的对话，了解他们的需求和市场趋势。
- 领导者有能力促进创新、挑战现状和创造促进变革的环境。
- 领导者能与组织各级进行有效沟通。他们具有协作风格、平衡的“左右脑”思维导向，并能对组织人员赋权的承诺。

- 领导者有强烈的紧迫感、积极付诸行动的倾向性和塑造组织未来的远见卓识。

在定义组织目标状态下的领导能力时，可以参考以下通用列表中的问题来进行讨论。同样，你还可以根据自己组织的情况和面临的具体问题添加一些其他问题。

- 你想如何描述组织目标状态中高管层的关键领导能力？
- 你想如何描述组织目标状态的业务部门、职能部门的领导层的关键领导能力？
- 你想如何描述组织目标状态中运营管理团队层的关键领导能力？
- 你打算如何让你的各级领导做好管理五代员工的准备？
- 组织的最高层领导及董事会对敏捷原则和方法应该有多精通？
- 在组织的最高层领导对数字技术和其创造价值的能力方面，应该具备多深的理解？
- 你如何描述你的领导团队在组织的目标状态下需要展示的情商水平及其特征？

评估构件之间的交互和一致性

- 检查一下你的商业转型画布的文化、员工和领导的能力要素及其构件，它们在多大程度上是一致的并相互加强？
- 在你的组织的背景下，随着构件的实施和交互的发生，你能预见哪些潜在风险和意外状况？

在概念化的层面上，你现在已经完成了组织在商业转型画布中的高级目标状态的制定。该目标状态将在商业转型画布框架的细化目标状态要素（第 11 章）中讨论。

定义了概念化目标状态后，建议你在开始分析当前状态之前，先计算目标状态 ADEs 指数，即你期望在初始的转型计划完成后，你的组织能够达到敏捷数字化企业的成熟度。ADEs 指数将反映你为组织选择的目标状态，并将以百分比的形式表示。完全成熟的敏捷数字化企业的 ADEs 指数为 100%。

如前文所述，你的组织目标状态的 ADEs 指数不需要达到 100%。适合的目标状态 ADEs 指数，应该是基于你对所在组织的愿景和支持战略的具体考量及管理团队的正确判断而选择的。

接下来本书的重点将转移到对组织的当前状态建立扎实的理解上，将会涉及一组与之非常相似的构件。本书的第二部分将带领你进入商业转型画布旅程中的一个开放性阶段。

- 敏捷数字化企业是一个目标驱动的组织，有着大胆和鼓舞人心的愿景。所有其他关于文化、行为、技能、领导能力等方面的考量都要围绕并服从这些原则。
- 敏捷数字化企业认为人和文化是组织竞争优势的主要来源。
- 转型成为敏捷数字化企业的过程中，需要认识到转型是围绕着组织里的人，而不是技术。
- 敏捷数字化企业认识到，通过采用基于敏捷的原则和使用“适合目标”的数字技术来增强组织员工的能力，可以提高他们创造价值的潜力。
- 敏捷数字化企业对实现其目标和愿景过程中所需的独特能力有着清晰的认识。
- 组织中的员工要有意识地提高技术、领导力和其他非技术性能力。流程和系统的设计是为了以独特的方式整合这些技能以提供所需的能力。

THE AGILE DIGITAL ENTERPRISE

第二部分

明确组织当前状态

我们所创造的世界来源于我们思考的过程。如果不改变我们的思维方式，就无法改变世界。

——爱因斯坦

真知源于认识到自己的无知。

——苏格拉底

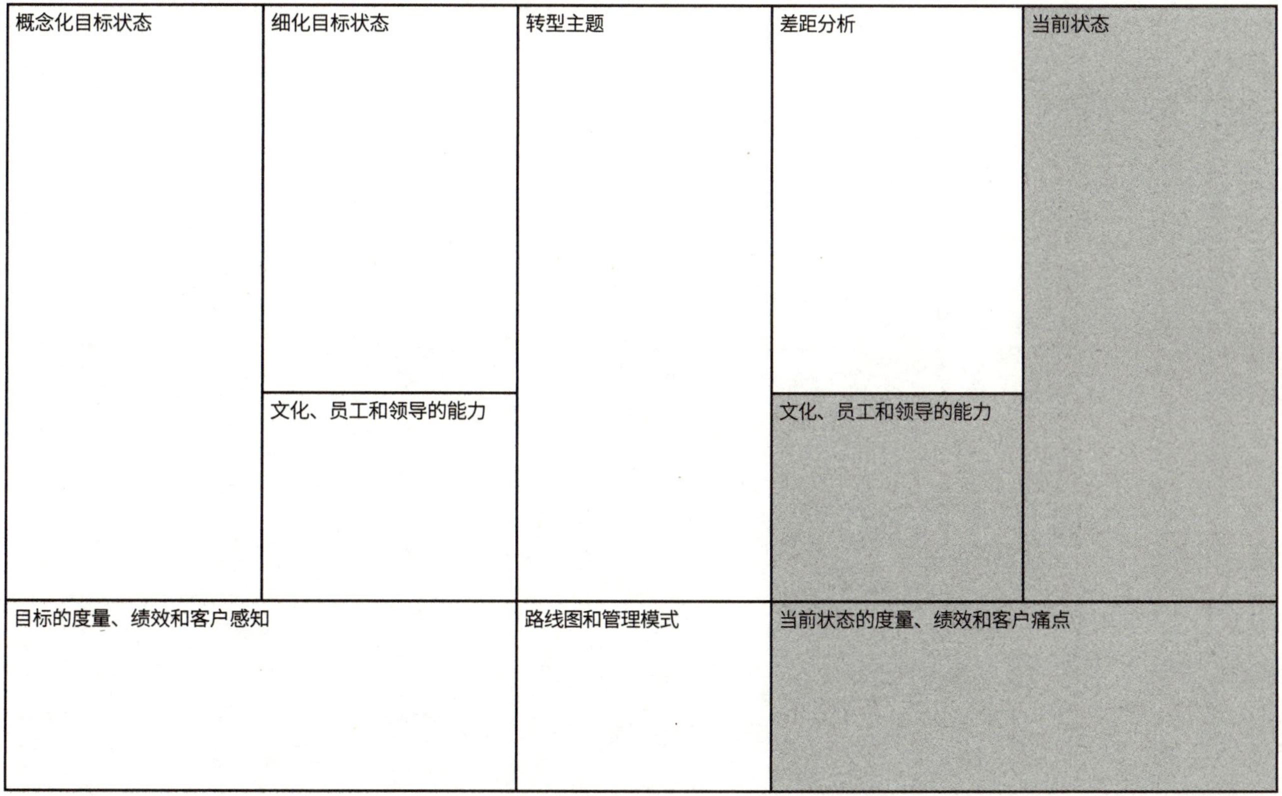

商业转型画布当前状态涉及要素

到现在为止，我们对目标状态有了一致的高级定义。你也已经估算出了在转型初期结束时的目标组织的 ADEs 指数。

从本书的第二部分开始，我们要对你所在组织的现状和它一直以来的表现进行深入且坦诚的了解。请注意深入且坦诚这几个重点字，这样的评估需要做到全面的、诚实的、公正的、透明的、协同的，还要基于欣赏的、开放的心态。因为现在不是把那些迟早会阻碍组织达到目标状态和实现其潜力的新旧问题藏到地毯下的时候。请允许我稍微扩展一下刚刚提到的评估原则。

- **全面……但灵活：**高层领导团队需要授权核心转型团队来确定当前状态评估所需的范围和深度，这一点很重要。一方面，评估的深度和范围都应该根据在这一过程中所获得的经验加以调整。这样做的目的是确保对当前状态的评估达到适当的水平。如果对现状的评估过于肤浅、简短，就会遗漏一些关键的方面，从而可能影响解决方案的质量。但另一方面，评估也不应该花费太长时间，因为转型的重点是定义并实现组织的目标状态。

- **诚实**：了解组织当前状态时，需要广泛、无偏见地使用数据和事实，或者进行直接的观察，并提出关于潜在原因、限制因素、原型等的假设。
- **公正的**：要搁置狭隘的（政治或个人的）利益需求，聚焦在更大的组织和其共同利益上。
- **透明**：在可能的范围内（同时遵守相关的法规和章程，以及竞争方面的考虑），建立起沟通的流程，让组织尽可能广泛地了解当前状态评估阶段的进展和收获。
- **协同**：这项工作应引入组织内跨部门的利益相关者和选定的第三方利益相关者，以便收集更多、更广泛、更公正的观点。
- **欣赏的、开放的心态**：评估当前状态时，也应该识别并认可那些运行良好的并将继续在目标状态中发挥作用的特征和实践方法。你要在意识到什么需要改变的同时，不要贬低组织过去的和当前状态，应该保持一种开放的态度，认识到当前组织中存在多个对未来仍有价值的且需要被保留的方面。

通过遵守这些原则，组织不仅可以更好地了解当前状态，而且还可以为支持转型工作所需的联盟打下基础。

考虑到上述评估原则，核心转型团队最好在评估组织当前状态时应用多种方法、数据和工具，其典型做法包括以下几种。

- 与组织内的各级领导、一线员工、客户和生态系统合作伙伴进行访谈。

- 直接观察客户旅程和支持旅程的内部流程，以及组织不同级别的管理会议、绩效管理会议等。
- 充分利用客户满意度数据、调查和情绪分析数据。
- 对历史数据和计划数据进行分析，了解现有的指标和仪表盘，了解计划绩效和实际绩效等数据。
- 利用员工调查数据，包括过去或最近的组织健康调查和这些调查所产生的行动计划状况。
- 整个组织当前正在执行项目的流程或某个阶段。
- 利用组织结构图和 RACI 型矩阵[①] 工具。
- 利用人才能力模型和技能矩阵工具。
- 举办研讨会，介绍并验证研究结果，审查与差距和改进领域相关的假设。

第 5 章将讨论商业转型画布中当前状态的度量、绩效、客户痛点要素。第 6 章将深入探讨当前状态 BTC 要素及其构件。第 7 章将通过研究组织当前状态下的文化、员工和领导的能力 BTC 要素聚焦组织中的软实力。

总之，管理团队通过对第 5 章、第 6 章、第 7 章中商业转型画布的要素的理解和分析，将明确组织当前状态与目标状态之间存在的主要差距。稍后我们将在第 8 章中介绍差距分析 BTC 要素，并且将带你一起广泛地寻找和分析这些差距。

---

① RACI（Responsible Accountable Consulted Informed）型矩阵是一种广泛使用的项目管理工具，旨在确保项目中的所有利益相关者共同努力实现共同的目标，它通过消除混乱和解决沟通不畅问题来保持项目正常进行。——编者注

第 5 章

THE AGILE DIGITAL ENTERPRISE

当前状态的度量、绩效和客户痛点

我们日复一日做的事情定义了我们自己。因此，卓越不仅仅是一次性的行动，而是一种习惯。

——亚里士多德

对你最不满意的客户就是你学习的最好资源。

——比尔·盖茨

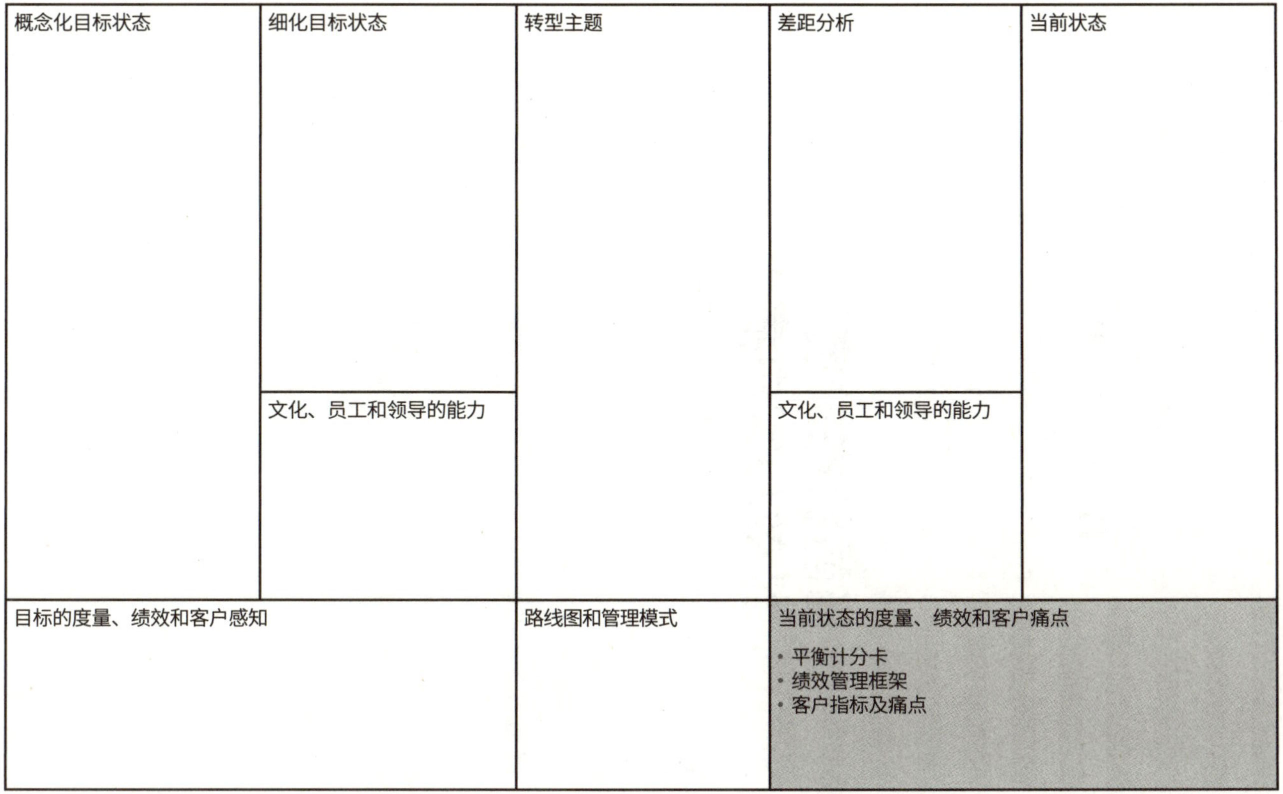

当前状态的度量、绩效和客户痛点 BTC 要素及其构件

商业转型画布的当前状态的度量、绩效和客户痛点要素与第 3 章中介绍的目标的度量、绩效和客户感知要素有些类似，但前者关注的重点是分析组织的当前状态。该要素包含 3 个构件：平衡计分卡、绩效管理框架、客户指标及痛点。该 BTC 要素研究的目的是更深入地了解组织当前的表现，了解组织是如何管理绩效，以及了解客户在与组织的互动中遇到的痛点。

用平衡计分卡检查组织当前的度量标准

平衡计分卡构件需要检查组织目前使用的度量标准，以及它们与组织当前战略的一致程度。

对平衡计分卡构件的分析旨在更好地了解组织内各级别是如何评估绩效的。下面的问题清单将指导你完成对该构件的评估。

企业级别或最高管理团队的平衡计分卡

- 在当前状态，你的企业对高管层的度量标准是什么?
- 当你审查高管层以下两个级别的平衡计分卡时，你的度量标准是什么？与最高级别相比有哪些明显不一致的地方?
- 有哪些指标在当前状态应该被度量但并没有被度量？有哪些指标可能是被遗漏的?
- 企业级别或高管层平衡计分卡在多大程度上正确地诠释了当前战略和战略目标的本质?
- 从跨多角度或维度的视角看，你的平衡计分卡平衡程度如何？领先指标和滞后指标之间的结合情况如何?
- 如果第三方（或客户）审查你的最高级别平衡计分卡，他们可以很容易地找到组织的哪些优先事项?
- 组织积极跟踪的度量指标与领导层所传达的组织优先事项是否一致(是否“言行一致”)?
- 组织当前状态审查的面向客户的指标有哪些?
- 当前状态企业级别的平衡计分卡多久更新一次？以你们目前的技术，最短可以做到多久更新一次?
- 领导层在多大程度上了解自己的数据并知道如何解读这些数据?

业务部门和关键职能部门的平衡计分卡

- 将企业级别的度量指标向业务、职能部门传递时所使用的流程有多稳健?
- 有哪些指标在当前状态应该被度量但并没有被度量?
- 平衡计分卡在多大程度上反映出了企业战略在业务层或职能

层的转化？

- 平衡计分卡在多大程度上结合了领先指标和落后指标？可能遗漏了哪些指标？
- 组织平时都在审查哪些面向客户的度量指标（包括外部和内部客户）？
- 对于利益相关者来说，度量标准的定义有多清晰？度量标准的计算和报告方式是否存在故意混淆或操纵的空间？
- 业务或职能级别的平衡计分卡多久更新一次？在你们目前的技术条件下，最短可以支持多久更新一次？
- 你在多大程度上信任通过跟踪得来的这些指标数据？
- 业务部门和职能部门的领导在多大程度上了解这些数据并知道如何解读？

执行层的平衡计分卡

- 执行层正在使用的度量标准，在多大程度上与更高层级的保持一致？
- 有哪些指标在当前状态应该被度量但并没有被度量？哪些指标可能是被遗漏的？
- 一线员工和其他执行层的员工在多大程度上了解所度量的内容？
- 组织平时都审查哪些面向客户的指标（针对外部和内部客户）？领先指标和滞后指标之间的结合情况如何？
- 你在多大程度上信任通过跟踪得来的这些指标数据？
- 在执行层，指标多久更新一次？
- 执行层领导在多大程度上了解这些数据并知道如何解读？
- 是什么阻碍了你的执行团队实时地获得指标数据？

用绩效管理框架寻找业绩不佳的根本原因

绩效管理框架关注的重点是分析当前的绩效管理框架在跟踪和管理组织绩效方面的能力。首先，这个框架将审查组织如何在各个级别使用平衡计分卡，以便采取行动。其次，这个框架将审查该组织在采取纠错行动之前，是如何从多个角度（即不仅是财务角度）对照其业务计划目标来寻找业绩不佳的根本原因。最后，这个框架将审查第 3 章中提到的 3 重良性反馈循环是否存在。

在该分析过程中，千万不要因为发现你的组织当前可能在各级别中有一套广泛应用的度量标准就如释重负了。该构件的作用是确保度量指标与战略目标相一致，并且及时而准确地反映战略目标的执行情况。它还将审查组织如何采取纠错行动，并创造一个持续审查和学习的良性循环。使用绩效管理框架构件时需要考虑的关键因素如下：

企业内各级单位

- 对照当前的商业计划，能发现组织在哪些指标或领域表现良好或表现不佳？
- 度量标准在多大程度上被及时而准确地呈现给组织各级领导，以供他们分析并做出决策？
- 你在多大程度上拥有一个系统化的、规范化的、可持续的体系来审查这些度量指标？
- 这些指标对应的责任是如何分配或划分的？
- 通过使用现有的度量标准，你们可以在多大程度上轻松地判断业绩差距？

- 组织在多大程度上鼓励系统而规范地使用现行绩效管理系统？
- 为了有效地审查差距，并最终确定造成差距的系统性根源，组织是如何培训、培养其员工的？
- 纠错行动在多大程度上是基于对这些根本原因的理解？
- 确定根本原因的过程在多大程度上是使用方法论、数据驱动并严格基于事实的？
- 如果需要的话，问题能在多大程度上被上报并解决？
- 绩效管理框架的执行有多成熟？
- 组织如何分享在绩效管理周期中得到的经验教训并将其制度化？
- 组织如何跟踪源自绩效管理审查周期的项目组合？

企业级别

- 除第 3 章提到的 3 重良性反馈循环之外，组织还在使用哪些反馈循环？
- 除更多地在战术层面审查绩效外，组织还用什么方法定期审查战略的执行情况和战略的相关性？
- 领导人如何对战略的正确执行负责？有什么证据表明问责制得到了正确的执行？

审查客户指标及痛点

客户指标及痛点主要用来了解在当前的战略和商业模式下，组织在多大程度上满足或错过了客户期望得到的体验。组织与客户之间的互动可能由于结构性的、程序性的、技术性的和与人相关的种种原因（这些原因将主要在商业转型画布接下来的两大要素中被定义）已经存在摩擦。

当你的组织审查当前状态下的客户体验时，我建议你关注以下与客户互动有关的基本问题。

- 你目前对客户的核心价值主张是什么？与你当前的竞争对手有何不同？
- 对当前价值主张的理解在组织中是否达到根深蒂固的程度？
- 你在传达预期的价值主张方面做得如何？
- 你如何跟踪和度量客户体验？当前正在使用哪些指标？
- 你是如何使用人种学的客户观察、客户旅程图、情感分析和调查等工具来深入了解客户体验的？
- 组织在多大程度上了解客户的痛点和造成这些痛点的根本原因？你能描述一下你目前为解决这些痛点所采取的关键行动吗？
- 解决客户痛点的责任分配有多明确？当前谁在组织中负责客户体验？
- 领导层中是否举办过“客户日”类型的会议，以解决客户的痛点并发现创造良好的客户体验的机会？如果有的话，这些会议通常会产生什么结果？
- 你会与哪些同行在客户体验的角度进行对比？你在多大程度上以行业以外的公司作为参考或对比？

评估构件之间的交互和一致性

- 检查一下你的商业转型画布当前的度量、绩效和客户痛点要素及其构件，它们在多大程度上是一致的并相互加强？
- 上述构件的一致性给你的组织当前的绩效带来了哪些积极的

影响？
- 如果上述构件没能很好地保持一致，会给组织当前的绩效带来哪些消极的影响？
- 在过去的几年中，上述构件的互动方式给你的组织带来了哪些意外的结果（如果有的话）？

到 BTC 流程的这个阶段，通过对当前状态的度量、绩效和客户痛点 BTC 要素的 3 个构件的研究，你应该已经通过收集支持数据或证据，很好地了解了组织在多维度的绩效执行、多维度的绩效跟踪、绩效的问责制 3 方面的情况。

第 6 章将分析构成商业转型画布当前状态要素的所有构件。

打造敏捷数字化企业
THE AGILE DIGITAL ENTERPRISE

- 对努力想成为敏捷数字化企业的组织来说，在定义了自己的概念化目标之后，非常重要的就是对转型旅程的起点（当前状态）建立一个良好的认识。
- 在审查组织当前状态时，要审查组织当前是如何度量或管理客户体验和解决最终痛点的。

第6章

THE AGILE DIGITAL ENTERPRISE

组织当前状态分析

很少有人对现实有想象力。

——歌德

如果梦境让我知道了真相，那它是梦还是现实有什么关系吗？

——陀思妥耶夫斯基

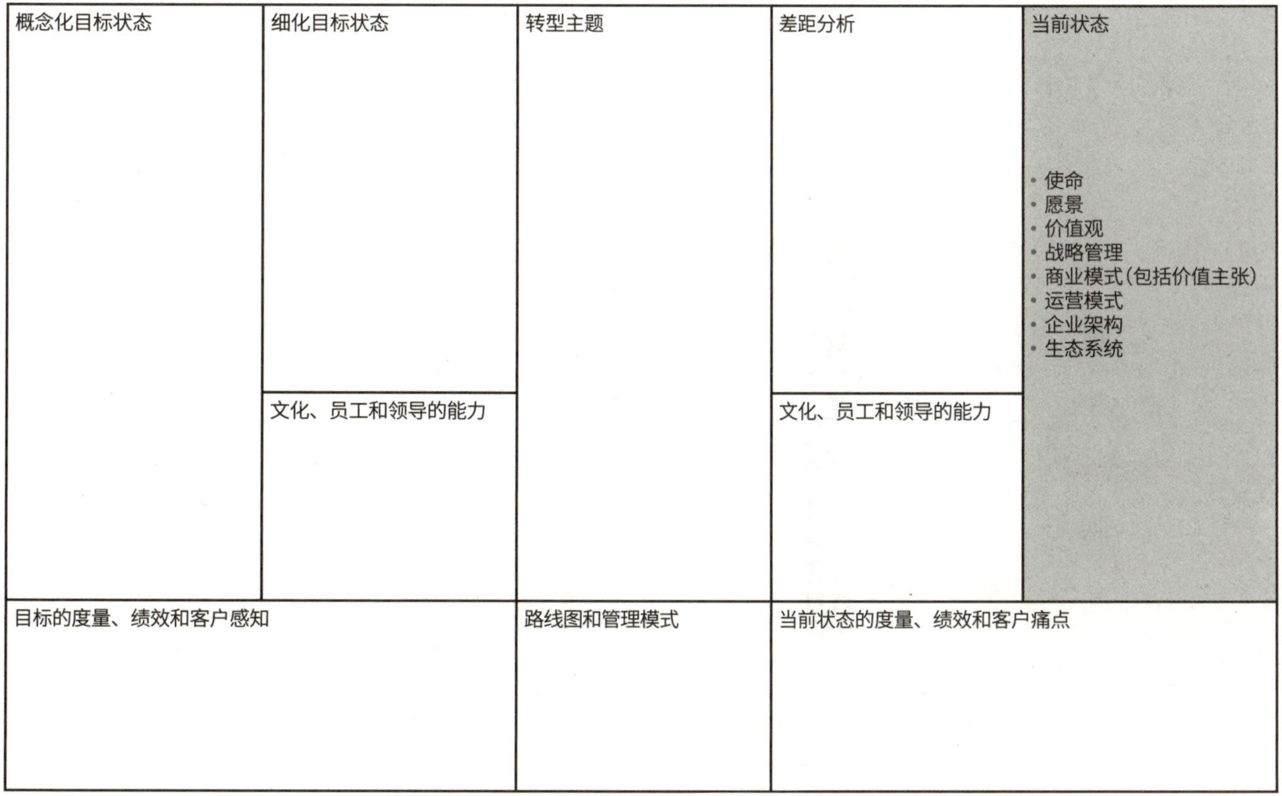

当前状态 BTC 要素及其构件

商业转型画布的当前状态要素的构件与前文介绍的概念化目标状态要素所包含的构件相同，但它们处于不同的阶段。二者有着根本区别，在当前状态要素中，组织不是在设想未来（目标状态），而是专注于对当前状态的评估。

通过更深入地了解组织的当前现状，组织能够识别与目标状态之间存在的关键差距，并制订将组织过渡到预期目标状态的计划。

本章采取的方法是对当前状态 BTC 要素的每个构件提出一系列问题，帮助高管人员和核心转型团队反思组织的当前状态。在本书接下来的第 7 章中，我们将进一步讨论另一个特定的 BTC 要素，以支持组织在当前状态的文化、员工和领导的能力等软实力方面的审查。

深入了解组织的当前状态

使命

- 组织的使命是什么？更大的组织及外部利益相关者对它的了解程度如何？
- 组织的使命能在多大程度上激励组织的员工、客户、股东，甚至更大的社会？
- 哪些证据（如果有的话）可以证明，组织当前的使命与组织吸引和留下客户的能力相关？客户关心组织的使命吗？
- 哪些证据（如果有的话）可以证明组织当前的使命与组织吸引和留下员工的能力相关？员工关心组织的使命吗？ 组织的使命是否能让他们全心全意地为组织工作？
- 哪些证据（如果有的话）可以证明组织当前的使命与组织吸引和留下投资者的能力相关？投资者关心组织的使命吗？
- 哪些证据（如果有的话）可以证明组织当前的使命与组织吸引和留下供应商和生态系统合作伙伴的能力相关？他们关心组织的使命吗？
- 哪些证据（如果有的话）可以证明组织当前的使命与组织被社会认可、尊重的能力相关？他们是否认为你的组织对世界有所贡献？
- 如果你的组织今天消失了，在上述利益相关者眼中，它留下了哪些遗产？

愿景

- 你的组织当前的愿景和愿景的时间范围是什么？

- 组织定义当前愿景时使用的底层假设是什么？这些在多大程度上仍然有效？
- 高管团队在多大程度上与组织当前愿景保持一致？
- 在员工眼中，组织的愿景有多鼓舞人心？
- 更大的组织和外部利益相关者对组织当前愿景的理解程度如何？中层或一线员工能否描述它？
- 组织内关于资源分配的决策是如何与组织的愿景保持一致的？

价值观

- 管理团队所倡导的组织价值观是什么？
- 在你的组织中，哪些价值观真正得到了落实并被广泛实施？
- 有哪些能体现组织既定价值观的、令人难忘的“故事”被广泛传播？
- 组织在决策过程中，多大程度上使用了上述价值观？
- 高管团队是否能够言行一致地展示出组织所信奉的价值观的行为？组织的各级员工呢？有哪些证据可以证明？
- 你的组织最近一次不得不做出的艰难决定是否与组织所信奉的价值观保持一致？

战略管理

- 你如何描述本组织当前的战略、战略时间跨度及高管团队围绕该战略的一致程度？
- 基于当前的战略，你的组织已经建立了哪些可度量的目标？
- 组织当前战略中的决策，其背后的关键假设是什么？这些假设在多大程度上仍然有效?

- 业务部门、职能部门的负责人和其他执行层的领导对组织当前战略的理解情况和执行情况如何?
- 组织多久评估一次战略,即不仅评估战略的执行情况,还要评估战略本身?
- 你的组织当前是如何扫描与感知市场的趋势、新机遇和威胁的?组织内是否存在一个系统的流程来做这件事?

商业模式(包括价值主张)

- 你的组织目前的商业模式是如何创造、交付和捕获价值的?你目前的商业模式画布是什么样子的?
- 你的商业模式在实现组织目标方面有多成功(包括财务目标和非财务目标方面)?
- 组织选择当前商业模式时考虑了哪些目标、关键假设和制约因素?
- 你如何向你的主要客户群体描述你当前的价值主张?
- 当前商业模式的执行情况如何?
- 从市场和竞争的角度来看,你的商业模式在多大程度上是独特且仍具有相关性的?
- 在过去的 3 年里,当前的商业模式所实现的资本回报率是多少?它与你的战略或商业计划及你选择的同行对比表现如何?

运营模式

- 在组织中,当前哪些功能或能力是集中的、分散的、标准化的或定制的?

- 关键的客户旅程和业务流程有哪些？你的组织如何有效地管理它们？
- 组织内谁负责客户体验？上述客户旅程或它的支持性流程在其所横跨的不同职能部门之中是否都有正式的负责人？
- 你认为组织当前的设计有多扁平？如果需要让跨多个职能部门的利益相关者参与，那么决策过程有多简单和敏捷？
- 哪些技术对你的组织今天的成功起到了作用？
- 哪些流程、技术、系统和行为方式正在影响组织在创新、客户体验、财务业绩等方面取得成功？

企业架构

- 组织当前拥有的关键能力是什么？你认为哪些是核心的、差异化的能力？
- 目前的应用架构组合在多大程度上足够支持你交付核心能力并向客户提供产品和服务？
- 你认为整个组织在数据管理实践方面成熟度如何？
- 组织是如何定性、定量地分析内部产生的数据并产生洞察的？对于外部产生的数据呢？
- 当前组织内部的数据在多大程度上主要储存在应用孤岛和部门孤岛中，而不是在整个组织内轻松共享？
- 你一般如何描述用于分析、决策和产生洞察的数据的质量？
- 组织当前的技术栈中，哪些方面可以带来竞争优势？
- 反之，哪些方面可能会造成竞争劣势？你能描述一下当前技术债的程度吗？
- 组织在多大程度上采用了敏捷与 DevOps 原则和实践来显著提高其开发和向客户提供新解决方案时的敏捷性？在一般情

况下，发布新产品或更新需要多长时间？
- 组织实施了哪些控制措施以防止安全事故的发生？它们的效果如何？
- 组织当前的安全政策和其支持程序的成熟度如何？组织内部安全政策的合规性水平如何？

生态系统

- 组织目前多大程度上在利用外部伙伴（包括外包伙伴和众包平台）和生态系统？
- 组织当前成功所需的关键能力中有哪些是外部采购的？
- 组织所处的生态系统的伙伴关系在多大程度上对组织和更大的生态系统都有好处？
- 组织当前所处的生态系统（如果有的话）的网络效应有多强？组织在多大程度上利用了这些网络效应？
- 组织在其所属的生态系统中扮演什么角色？组织在该生态系统中的活跃程度如何？

评估当前状态下转型要素对组织的影响

- 审查一下你的商业转型画布的当前状态要素及其构件，它们在多大程度上是一致的并相互加强？
- 上述构件的一致性给你的组织当前的绩效带来了哪些积极的影响？
- 如果上述构件没能很好地保持一致，给你的组织当前的绩效带来了哪些消极的影响？

- 在过去的几年中，上述构件的互动方式给你的组织带来了哪些意外的结果（如果有的话）？

第 7 章将解决商业转型画布中最后一个描述组织当前状态的要素，即讨论对组织的文化、员工和领导的能力的评估。

- 对组织当前状态的结构性构件进行评估至关重要，因为这些构件明确了组织当前的方向和架构情况。
- 从方向性的角度，提出几个问题评估组织当前的使命、愿景、价值观和战略。
- 从架构角度，提出几个问题评估组织当前业务模式、运营模式、企业架构和组织所属的现有生态系统。
- 当前状态要素的完成旨在能够让组织很好地了解到，为了实现期望达到的目标状态，组织需要从根本上做出哪些改变。然而，该要素同样支持识别并保留那些组织已有的且在目标状态下仍然相关的特性。

第 7 章

THE AGILE DIGITAL ENTERPRISE

当前状态的文化、员工和领导的能力

思想和文化必须服从心灵。

——甘地

悠兮其贵言。功成事遂，百姓皆谓我自然。

——老子

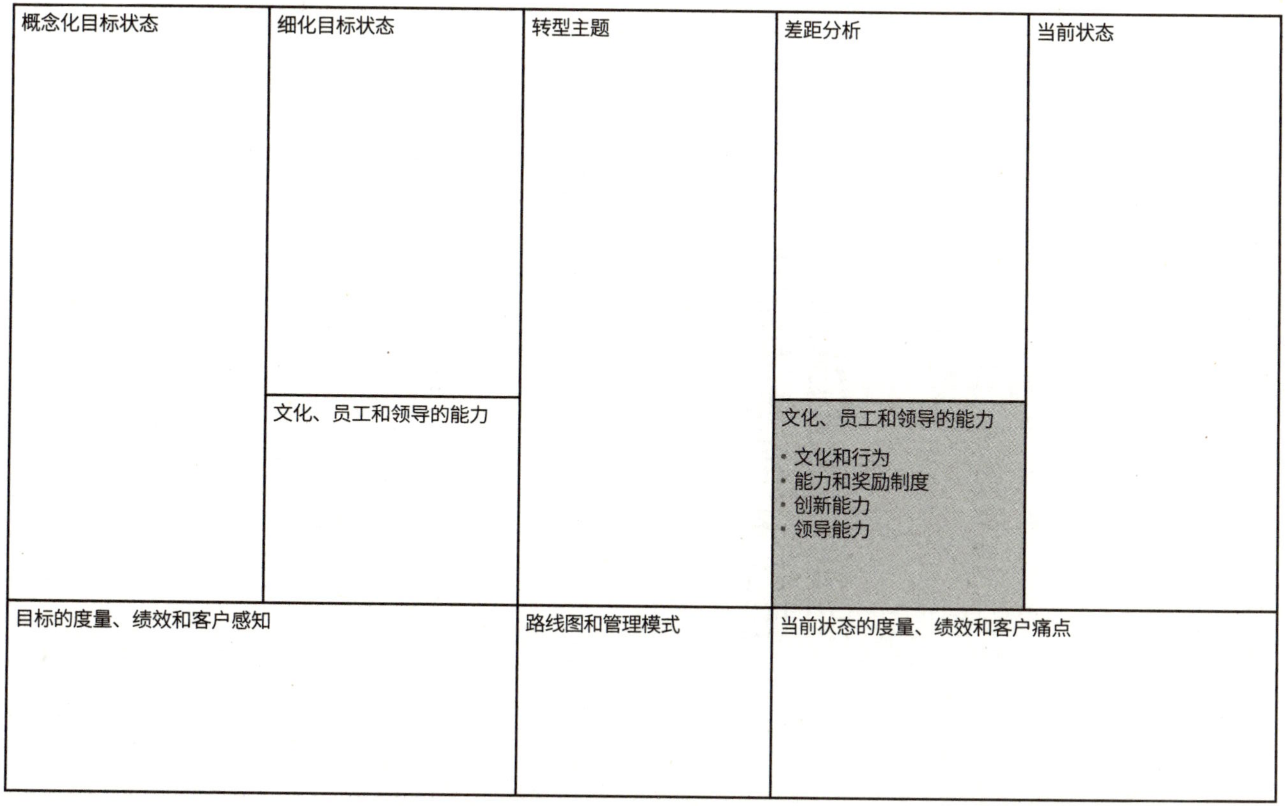

当前状态的文化、员工和领导的能力 BTC 要素及其构件

组织当前状态下的文化、员工和领导的能力 BTC 要素在商业转型画布中非常关键，因为它涉及对该组织目前的员工和领导、文化和创新的深入思考与分析。

成为敏捷数字化企业的过程并不会削弱这些方面对组织的重要性。有些人可能觉得这是矛盾的或反直觉的，但敏捷数字化企业对数字技术的大力采用并没有削弱对人的重视。相反，敏捷数字化企业的指导原则是：**技术应该作为一个推进因素，增强组织中人的能力，以释放他们的创造力去进行创新，从而交付价值和提供良好的客户体验。**

当高层领导和核心转型团队审查组织在当前状态的这个 BTC 要素时，需要考虑以下 4 个构件：文化和行为、能力和奖励制度、创新能力与领导能力。

审查组织当前状态的软实力

与前几章采取的方法相同，本章对文化、员工和领导的能力 BTC 要素的每个构件提出一系列问题，帮助高管人员和核心转型团队进行深入的思考和评估。

文化和行为

- 从内部人士的角度来看，你会如何描述组织当前的文化？它是如何体现在该组织的运作方式上的？
- 从外部人士的角度来看（如果有人参观你的组织），他们对组织当前的文化有何评价？如果这个外部人士可以利用这样的访问感受文化的氛围，他们会如何描述它？
- 为了更深入地了解当前的企业文化，请自我审视并结合沙因组织文化模型[①]以下 3 个层次进行观察，描述出当前的组织文化。
    - 表象层，即可见的组织结构、流程和行为模式。
    - 价值层，即领导层所信奉的战略、使命、理念和价值观。
    - 假设层，即组织创始人和领导人那些最深层的、无意识的、想当然的信念、认知习惯、思想和感受。
- 在组织的主流文化中，能观察到哪些典型的行为？它们与高管团队所倡导的行为有何不同？
- 你在多大程度上认为组织内的不同业务部门、职能部门或地

① 沙因组织文化模型由著名“企业文化理论之父”埃德加·H. 沙因（Edgar H. Schein）提出，他将企业文化分为 3 个层次，分别是表象层、价值层和假设层。——编者注

域之间存在非常独特的亚文化？

能力和奖励制度

- 你认为当下有哪些人才技能对支持你目前的战略和商业模式至关重要？
- 你在多大程度上理解、映射或评估过当前组织内不同领域的能力组合？
- 当你的组织在逻辑上组合并应用这些技能和业务流程时，组织所依赖的独特的或差异化能力是什么？
- 当前组织在高层、中层和执行层面分别如何奖励员工？
- 当前哪些领导风格会得到认可？
- 当前的奖励制度在多大程度上帮助组织提升了合作、以客户为中心、创新和持续改进等方面的特征？
- 当前的奖励制度在多大程度上通过奖金之外的手段来释放组织人员的内驱力？
- 最近一次组织健康调查的结果是什么？根据调查结果和反馈，组织实施了哪些行动？
- 员工调查在多大程度上被用来评估组织中员工的整体敬业度？如果你的组织参加盖洛普员工敬业度调查，可能会得到什么样的结果？

创新能力

- 组织的收入有多大比例来自过去 2 ～ 5 年开发的产品和服务？
- 请描述一下组织内部当前的创新流程。你的组织采用了哪种创新组织原型（集中式、分散式、孵化器、独立企业等）？

- 请列举你的组织在过去 5 年中实施创新的一些例子，包括新产品和服务创新、商业模式创新等。

领导能力

- 当前组织的最高层领导中存在什么样最典型的能力组合？
- 当前组织内业务领导层和职能领导层中存在什么样最典型的能力组合？
- 当前组织的运营管理领导层中存在什么样最典型的能力组合？
- 你认为组织在交付当前的商业计划和愿景时，哪些方面存在关键能力差距？

完成组织转型当前状态与当前绩效的对比

- 审查一下你的商业转型画布的“文化、员工和领导的能力”要素及其构件，它们在多大程度上是一致的并相互加强？相反地，是否存在有些构件之间互相抵消和削弱的领域？
- 上述构件的一致性给组织当前绩效带来了哪些积极的影响？
- 如果上述构件没能很好地保持一致，给组织当前绩效带来了哪些消极的影响？
- 在过去的几年中，上述构件的互动方式给你的组织带来了哪些意外的结果（如果有的话）？

到目前为止，你已经完成了商业转型画布中与组织的当前状态相关的

3 大要素的分析，并评估了与之相关的构件。对当前状态的深刻理解，是为了与组织的目标状态做对比。这种对比将会帮助我们发现一些差距或者决定性的差距。第 8 章要讨论的商业转型画布的“差距分析”要素，将会捕捉到这些差距并确定它们的根本原因。

就像你确定了组织的目标状态之后评估其 ADEs 指数一样，请在确定完组织的当前状态之后，也计算一下组织当前状态的 ADEs 指数。然后，你将能够看到在 ADEs 指数 6 个维度（使命和价值观体系、企业架构、员工和领导、战略选择、绩效管理、以客户为中心）上的汇总结果。

打造敏捷数字化企业
THE AGILE DIGITAL ENTERPRISE

- 文化和行为是基础性的构件，它涵盖了组织内一些可见和不可见的方面。为评估该构件列出的问题，不仅涉及当前组织内的可见的形式，还涉及通过组织人员的行为表现出来的文化。
- 能力和奖励制度的重点是评估组织内可用的能力组合，以及这些能力在多大程度上能被组合起来，为组织带来实际的和相关的差异化能力。
- 创新能力和领导能力构件侧重于评估组织当前的创新流程、模式、能力，以及定义当前的领导能力组合。

THE AGILE DIGITAL ENTERPRISE

第三部分

找出差距，向着目标状态转型

没有什么比率先引入新的秩序更难、更危险、更不容易成功的事了。

——马基雅弗利

先从必要的事开始做起，然后再做可能的事，突然间你就在做不可能的事了。

——阿西西的方济各

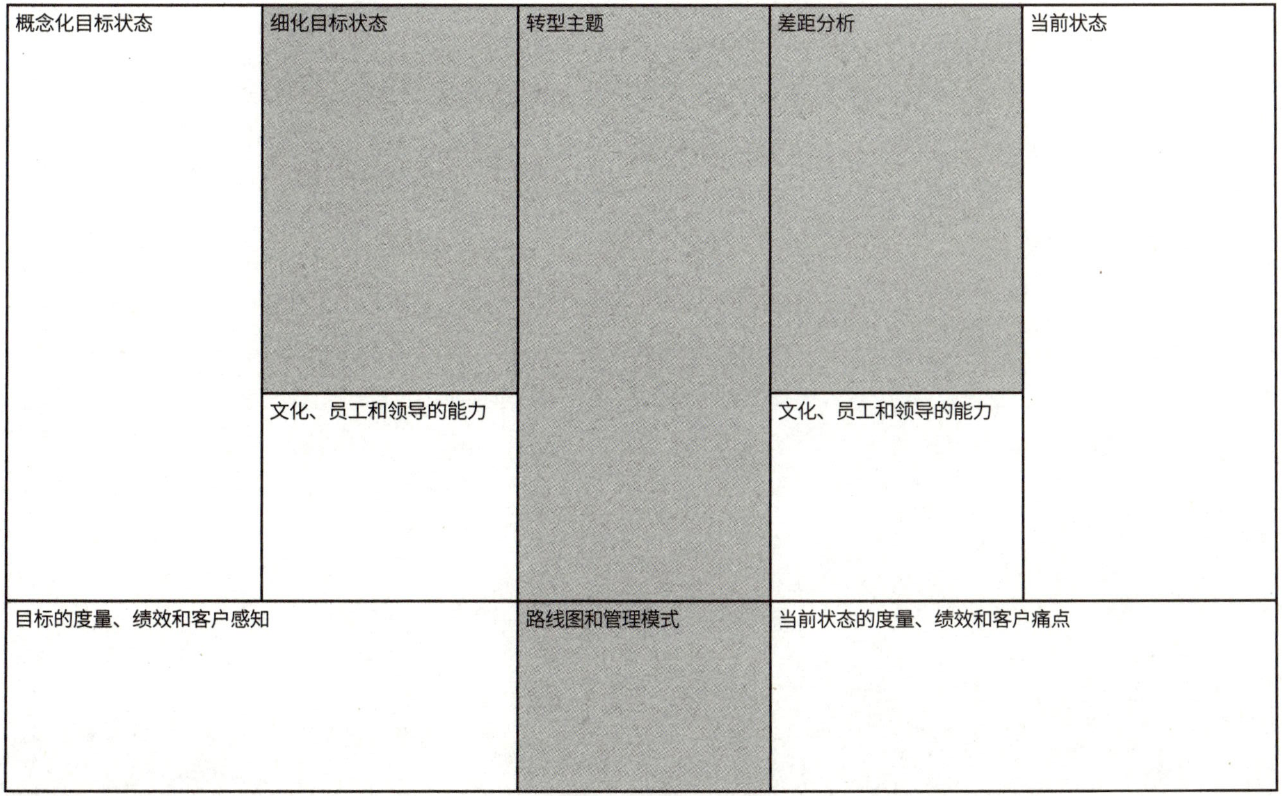

商业转型画布转型过程涉及的要素

在完成了对组织的高级目标状态和当前状态相关要素的分析，并评估了两种状态下各自的 ADEs 指数之后，你已经初步了解了组织的当前状态和想要达到的目标状态之间存在多大的差距。组织内各级对这一差距的理解，能促进内部产生寻找解决方案的愿望，从而将组织带到其目标状态。这种动机在转型的背景下是至关重要的，因为它能够激励组织去寻找方法来缩小这些差距。此外，你还估算了组织的目标状态与当前状态在 6 个 ADEs 指数维度上的关键差距在哪里、有多大。

本书的第三部分将指导你进行更详细的差距分析、定义过渡阶段、细化组织目标状态。

在第 8 章中，我们将讨论商业转型画布的差距分析要素，我建议采取以下双管齐下的办法来进行分析。

- 差距分析 BTC 要素基于 ADEs 指数评估开始采用自上而下

的视角进行分析。假设你已经评估了组织的目标状态和当前状态的 ADEs 指数，那么你应该初步了解关键差距在哪里。这个初始步骤也可以为接下来自下而上的分析设定优先级。

- 差距分析 BTC 要素基于对当前状态的详细了解，接下来采用自下而上的视角将其与概念化的目标状态进行对比。这种更细化的分析将着重确定差距的根本原因和限制因素。

第 9 章将介绍商业转型画布的转型主题要素，其中包括将组织从当前状态过渡到目标状态所需的关键解决方案和干预措施。转型主题构件代表的领域（或称转型价值流），在定义的时候采用系统化思维，既需要高度的聚焦，同时又要维持一定程度的协调一致。同样，我建议对该 BTC 要素采取以下双管齐下的办法进行分析。

- 组织需要采取一系列措施在当前的战略、商业模式下为快速解决那些阻碍组织达到可接受的绩效水平的关键差距。这类“干预措施的亮点”将有助于为组织提供必要的竞争力和稳定性，以便组织在过渡到目标状态期间维持业务。它们也将解决技术债中最紧迫的部分。
- “结构性干预措施”指的是那些更基本、更重大的重构型改变。这类措施将使组织取得远超当前战略和业务模式下可达到的绩效水平。这类干预措施的重点是将组织转型为其目标状态。同样它们也将解决技术债中更多与结构性相关的部分。

第 10 章将重点讨论商业转型画布的路线图和管理模式要素。该 BTC 要素的目标是为转型所需的一系列干预措施制订一套稳健的、基于敏捷的执行计划。该要素有以下 3 个方面需要重点考虑。

- 从前面提到的双管齐下的做法产生的结果中，在考虑路线图要素时要选择合适的干预措施并确定顺序。
- 项目的管理模式将定义责任、规则及对与愿景、战略和商业模式相关的干预措施的跟踪和追溯。
- 大型组织采用其目标状态所期望采用的新流程、技术、工作方式和行为方式进行评估和跟踪。在前文中提到的数字孪生也将帮助组织实时地了解在转型举措实施时的组织绩效是否有效且是否能快速提高。

第 11 章将详细介绍组织在实施干预措施组合之后，将实现细化的目标状态。正如你所记得的那样，使用商业转型画布的过程始于定义组织的高级目标状态，它包含了 3 大要素：概念化目标状态，目标的度量、绩效和客户感知，文化、员工和领导的能力。细化目标状态 BTC 要素将引入 11 个构件，指导转型团队细化高级目标状态。该要素也需采取以下双管齐下的方法。

- 11 个构件中的部分构件将更详细地定义目标状态的客户旅程、运营模式、组织设计、企业架构等领域。
- 本书引言中提到的迭代循环，将进一步完善或调整概念化目标状态 BTC 要素。

换句话说，通过执行转型干预措施来定义细化目标状态 BTC 要素及其 11 个构件的同时，一个与组织目标状态之间的反馈循环也建立了起来。这意味着与目标状态相关的 15 个构件也将被细化。如图Ⅲ -1 所示，实施干预措施组合的目的不仅是在更细节的层面上定义组织的细化目标状态，还是为了完善在商业转型画布过程开始时定义的高级别的 BTC 要素。

最初定义目标状态时停留在了概念层面，并有意为更大的组织留下了共创的空间。随着干预措施的执行，干预措施可能会但不是从根本上改变组织最初在评估概念化目标状态 BTC 要素时做出的一些定义。这种动态的过程体现了组织持续学习的敏捷特性（见图Ⅲ-1）。

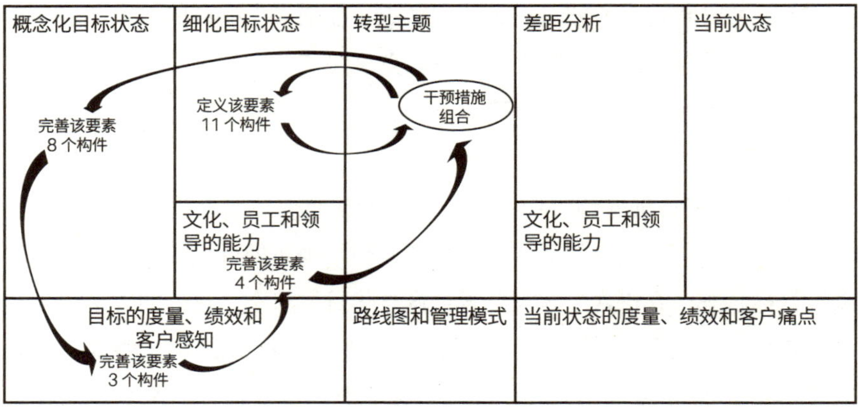

图Ⅲ-1 BTC 框架的迭代特性定义细化目标状态并完善高级别 BTC 要素

如你所见，为了更有效地完成过渡领域的 BTC 要素，本书提供了一些考虑因素和建议。这在一定程度上看似提高了该领域的复杂性，但我相信通过接下来的几章的讲述，这些步骤会变得更加清晰。

第 8 章

THE AGILE DIGITAL ENTERPRISE

两个角度完成差距分析

人类所能进行的最好活动就是为了理解而学习，因为理解就是自由。

——斯宾诺莎

那些不知道如何把自己的想法暂时搁置的人不应该踏入辩论的狂潮。

——尼采

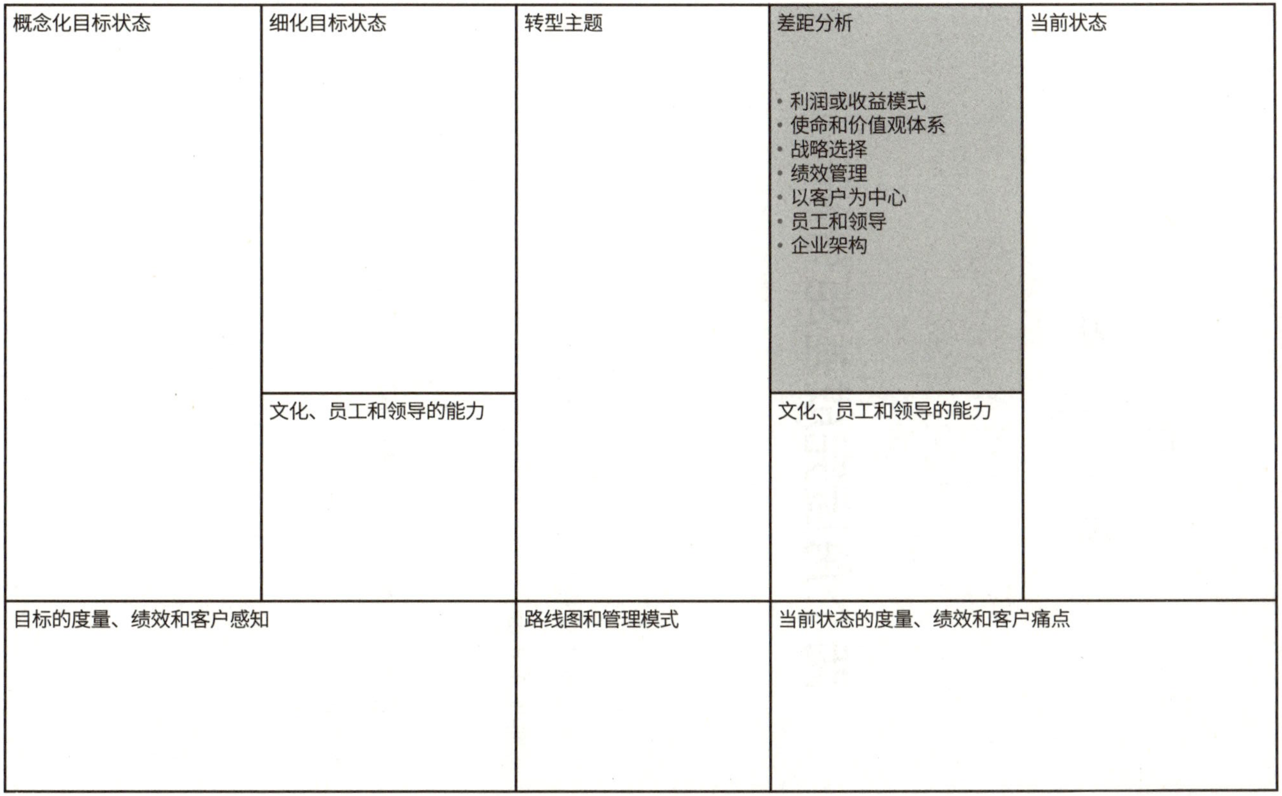

差距分析 BTC 要素及其构件

在商业转型画布的这个阶段，组织对其当前状态和期望达到的高级目标状态已经有了很好的了解。商业转型画布的差距分析要素的重点就是要找出组织的当前状态和目标状态间各构件的主要差异。

正如前文强调过的那样，在组织转型的众多原则之中，非常重要的一条是：**采取系统思考的方法来识别差距和其中的根本原因，并寻求解决方案。**这是因为差距和造成差距的根本原因之间的因果关系可能不是直接且明显的，更多的时候，它们涉及众多因素且具有系统性的特点。因此需要采取谨慎的方法来确保将要实施的解决方案能够以可持续的方式产生预期的结果。这样做的目的是避免那种急于求成寻求简单解决方案的倾向，因为这很可能会在日后产生事与愿违的结果。正如前文中提到的，差距分析可以从以下两个角度进行。

- 自上而下进行差距分析，由组织的目标状态和当前状态的 ADEs 指数结果驱动。

- 自下而上进行差距分析，由对目标状态构件和当前状态构件之间差异的更细节的评估所驱动。

自上而下的视角

ADEs 指数分析是在几个维度上进行的，如表 8-1 所示。这些维度为了与差距分析的相关构件紧密结合而有意这样定义。

表 8-1 ADEs 指数模型的维度及其包含的构件

ADEs 指数的维度	构件
使命和价值观体系	使命
	愿景
	价值
战略选择	战略管理
	商业模式
	运营模式和组织设计
	生态系统
绩效管理	平衡计分卡
	绩效管理框架
以客户为中心	价值主张（商业模式构件的一部分）
	客户体验驱动的指标及洞察
	客户旅程或流程
员工和领导	文化和行为
	能力和奖励制度
	创新能力
	领导能力
企业架构	业务架构
	应用架构
	数据架构
	技术架构

ADEs 指数将商业转型画布的构件按照逻辑分为 6 个维度，以此为基础可以生成 ADEs 指数模型。除利润或收益模式构件之外，其他差距构件的组合都沿用了前面商业转型画布过程中的构件按逻辑分组而创建的。ADEs 指数构成了捕捉差距的基础。

ADEs 指数是基于维度级别上进行计算的。例如，假设有一家 XYZ 公司，通过让 XYZ 公司的高层领导团队回答针对组织目标状态和当前状态的问题，并根据计算模型，得到了表 8-2 和表 8-3 所示的结果。

表 8-2　ADEs 指数模型：XYZ 公司 ADEs 指数的计算（目标状态）

ADEs 指数维度	权重（%[a]）	ADEs 指数维度结果 (%)	ADEs 指数维度加权结果 (%)
使命和价值观体系	16.7	90	15.0
战略选择	16.7	80	13.3
绩效管理	16.7	80	13.3
以客户为中心	16.7	100	16.7
员工和领导	16.7	90	15.0
企业架构	16.7	80	13.3
ADEs 综合指数			86.7

a. XYZ 组织在 ADEs 指数各维度上选择了同等权重。

表 8-3　ADEs 指数模型：XYZ 公司 ADEs 指数的计算（当前状态）

ADEs 指数维度	权重（%[a]）	ADEs 指数维度结果 (%)	ADEs 指数维度加权结果 (%)
使命和价值观体系	16.7	70	11.7
战略选择	16.7	60	10.0
绩效管理	16.7	80	13.3
以客户为中心	16.7	70	11.7
员工和领导	16.7	70	11.7
企业架构	16.7	50	8.3
ADEs 综合指数			66.7%

a. XYZ 组织在 ADEs 指数各维度上选择了同等权重。

当你审查表 8-2 和表 8-3 时，你会注意到以下两点。

- 对于组织的目标状态和当前状态，ADEs 指数都是在维度级别计算的。
- 此外，对于目标状态和当前状态，ADEs 指数也可以进行综合计算。请注意，综合计算的结果取决于组织对每个 ADEs 指数维度的相对重要性（即权重）的选择。领导团队可以酌情重新分配这些权重，不需要对所有的维度都采用同样权重。

图 8-1 提供了一个雷达图作为显示 ADEs 指数结果的一个例子。这个图将作为 XYZ 公司自上而下进行“差距分析”的起点。

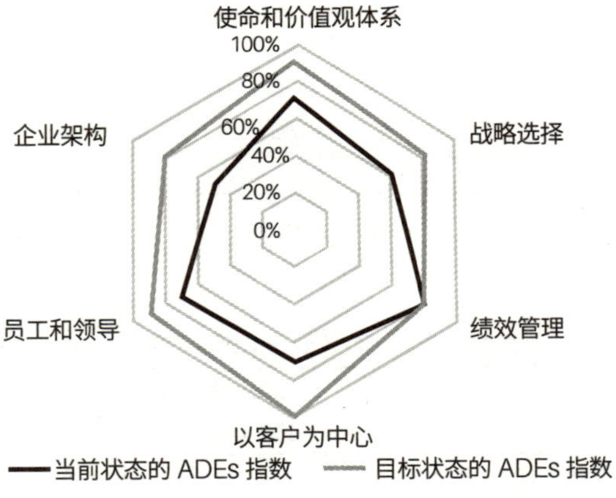

图 8-1　XYZ 公司用 ADEs 指数的自上而下进行差距分析的雷达图

让我们进一步解释一下这个假想的 XYZ 公司自上而下进行差距分析的过程，以强化前面讨论过的一些话题。

- 在定义商业转型画布的目标状态构件时，XYZ 的领导层有意识地做出了设计和选择。基于这些选择，并对 ADEs 指数工具中提出的评分问题进行审议和反思，XYZ 公司的领导层设计了他们希望组织的目标状态在 ADEs 指数的各个维度达到的水平。组织决定不在所有维度上达到非常成熟的状态（ADEs 指数达到 100%），这是完全合理的，因为最初的转型也很难达到。基于这些选择，组织定义出他们认为实现组织愿景所必需的相对成熟度（与完全成熟的 100% 相比较）。
    - 在组织的目标状态中，XYZ 公司的管理团队选择以客户为中心作为唯一一个他们将努力达到 100% ADEs 指数的维度。
    - 由于商业转型画布各个构件之间存在着相当程度的依赖关系，并具有互相强化的特点，所以它被看作一个系统。所以为了让以客户为中心维度的 ADEs 指数能够达到 100%，XYZ 公司的领导层必须为其他维度也制定足够高的目标。换句话说，如果在员工和领导、企业架构等维度的目标状态 ADEs 指数水平较低，那么在以客户为中心维度上达到 100% 也将是非常困难的，甚至是不可能的。
- 在对比当前状态和目标状态时，XYZ 公司发现在企业架构维度中存在很大差距。弥补这些差距将是非常关键的，特别是那些直接支持以客户为中心战略的构件的差距。
- 在这个假设的例子中，XYZ 公司认为他们在绩效管理这一维度上的当前状态与目标状态一致。因此，从自上而下的角度来看，这个维度没有差距需要解决，但在接下来更具体的自下而上的观察中，可能会在这个维度发现一些机会。

自下而上的视角

随着你的组织完成自上而下的评估，现在对找到的差距进行详细了解。此时采取自下而上的视角很重要，原因如下：

- 它有助于更深入地了解原始构件层面的差距，也有助于了解利润或收益模式构件的差距。
- 它定义了每个差距的问题，进而促进了对上述每个差距的根本原因和限制因素的理解。
- 自下而上的视角能让组织对差距的特殊性、差距的根本原因和限制因素有更好的了解，使商业转型画布中的“转型主题”内容更具可操作性。

你可能注意到了，我经常使用根本原因和限制因素这两个术语，它们的含义略有不同。在本书中，它们的用途如下：

- 根本原因：当前绩效水平没有达到预期水平（当前的战略、商业模式下的预期绩效）。
- 限制因素：组织想实现目标状态的绩效水平，将面临哪些限制。它超出了根本原因，揭示了在组织的当前状态下无法实现组织的概念化目标状态背后的原因。尽管当前目标状态的一些绩效参数可能还没有完全确定，但不妨碍组织很好地认识到为达到目标状态配置中隐含的性能或设计水平所面临的当前限制（因此是限制因素）。

无论如何，随着对组织现状的评估的持续进行，团队成员将被要求把潜在的问题分类为“根本原因”“限制因素”。然而，我想强调的是，比术语本身更重要的是识别最基本的限制因素。这种理解将使组织能够更好地设计转型所必需的干预措施，并使组织完全过渡到期望的目标状态。

在自下而上的评估过程中，我们鼓励核心转型团队捕捉以下两种类型的差距。

- 基准差距：在适用的情况下，这些是导致组织在当前状态年度的商业计划、战略中表现不佳的关键因素。这些差距将通过干预措施的亮点予以弥补。
- 目标状态差距：这些是更基本的、结构性的差距，需要在基准差距之外加以解决，以便将组织过渡到目标状态。这些差距将被列为优先解决的事项，并通过结构性干预措施加以弥补。

换句话说，我们从设计角度出发可以这样理解。

- 对于那些确实存在较大的基准差距的构件，基准差距应该在早期得到解决，以便让组织在转型期间达到令人满意的绩效水平，并为解决目标状态差距的方案打下坚实的基础。
- 对于那些不存在重大基准差距的构件，解决目标状态差距的方案可以在任何时候启动。

鉴于使用商业转型画布的过程强调基于事实或数据驱动的方法，并基于组织采用的具体方法论，核心转型团队应该从定性和定量的角度围绕这些差距提供大量的文件。此外，在与其他利益相关者与主题专家讨论和验证的过程中，核心转型团队将能捕捉到在一系列差距分析研讨会中浮现出的差距。这些差距也将被划分为基准差距或目标状态差距，它们的优先级也将使用核心转型团队提供的标准化定义来确定。

接下来，我们将提供一些可供参考的表格和指导。你的组织当然也可以使用不同的模板格式或上述方法的变体。表 8-4 ～表 8-10 列出了可用于总结每个构件或 ADEs 指数维度的差距分析结果的模板。

表 8-4　差距分析之利益或收益模式构件分析模板

组织名称：　　　　　　　　　　　　　　　　　　　日期：

目标指标（财务 / 非财务）	基准差距	优先级（高 / 中 / 低）	目标状态差距	优先级（高 / 中 / 低）	附注
指标 1					
指标 2					
指标 3					
指标 4					
……					
指标 N					

表 8-5　差距分析之使命和价值观体系维度 ADEs 指数分析模板

组织名称：　　　　　　　　　　　　　　　　　　　日期：

构件	基准差距	优先级（高 / 中 / 低）	目标状态差距	优先级（高 / 中 / 低）	附注
使命					
愿景					
价值					
ADEs 指数汇总	当前状态 ADEs 指数		目标状态 ADEs 指数		ADEs 指数差距

表 8-6　差距分析之战略选择维度 ADEs 指数分析模板

组织名称：　　日期：

构件	基准差距	优先级（高 / 中 / 低）	目标状态差距	优先级（高 / 中 / 低）	附注
战略管理					
商业模式					
运营模式					
组织设计					
生态系统					
ADEs 指数汇总	当前状态 ADEs 指数		目标状态 ADEs 指数		ADEs 指数差距

表 8-7　差距分析之绩效管理维度 ADEs 指数分析模板

组织名称：　　日期：

构件	基准差距	优先级（高 / 中 / 低）	目标状态差距	优先级（高 / 中 / 低）	附注
平衡计分卡					
绩效管理框架					
ADEs 指数汇总	当前状态 ADEs 指数		目标状态 ADEs 指数		ADEs 指数差距

表 8-8　差距分析之以客户为中心维度 ADEs 指数分析模板

组织名称：　　日期：

构件	基准差距	优先级（高 / 中 / 低）	目标状态差距	优先级（高 / 中 / 低）	附注
价值主张					
客户体验驱动的指标及洞察					
客户旅程或流程					
ADEs 指数汇总	当前状态 ADEs 指数		目标状态 ADEs 指数		ADEs 指数差距

表 8-9 差距分析之员工和领导维度 ADEs 指数分析模板

组织名称：　　　　　　　　　　　　　　　　　　　日期：

构件	**基准差距**	**优先级（高 / 中 / 低）**	**目标状态差距**	**优先级（高 / 中 / 低）**	**附注**
文化和行为					
能力和奖励制度					
创新能力					
领导能力					
ADEs 指数汇总	当前状态 ADEs 指数		目标状态 ADEs 指数		ADEs 指数差距

表 8-10 差距分析之企业架构维度 ADEs 指数分析模板

组织名称：　　　　　　　　　　　　　　　　　　　日期：

构件	**基准差距**	**优先级（高 / 中 / 低）**	**目标状态差距**	**优先级（高 / 中 / 低）**	**附注**
业务架构					
应用架构					
数据架构					
技术架构					
ADEs 指数汇总	当前状态 ADEs 指数		目标状态 ADEs 指数		ADEs 指数差距

你可以在每个表的底部看到有一个 ADEs 指数汇总部分，其中包括当前状态 ADEs 指数、目标状态 ADEs 指数和两者之间的差距。

表格还包括每个差距的相对优先级（高、中、低）。尽管你的组织可以灵活地采用其他优先级排序方式，但这种分类的本质是为了捕捉以下信息。

基准差距优先级排序

- 高：这些是造成高风险，甚至阻止组织实现其当前商业计划和目标的主要差距。如果不弥补这些差距，本组织将无法实现其在本财务年度的目标。
- 中：这些差距给当前商业计划的实现带来中等程度的风险。从降低风险的角度来看，它们应该得到解决，但不必马上解决。
- 低：这些差距的影响相比前两种要小得多，不会影响组织实现当前商业计划目标。

目标状态差距优先级排序

- 高：为了实现组织的目标状态愿景，这些差距必须弥补。
- 中：通过缩小这些重要差距，组织减少了无法实现目标状态愿景的风险。
- 低：这些差距是“最好能解决的”，但是如果它们没有被消除，也并不会对实现目标状态愿景带来决定性影响。

找出造成差距的根本原因和限制因素

除捕捉或记录差距外，核心转型团队还将与利益相关者和主题专家举行研讨会来验证差距的存在，并确定这些差距产生的根本原因和限制因素，特别是那些优先级是高和中的差距。再次强调，鉴于需要研究的这些问题及其原因之间的相互作用，我强烈建议在差距分析过程中采取系统性的方法和跨职能的视角。

在筹备这些研讨会时，核心转型团队将与主题专家协商，并利用现有的数据，重新调整跨 ADEs 指数各维度的差距。最终的目标是捕捉那些密切相关的差距，这些差距将自然地形成一个“转型主题”，然后可以通过制定相应的干预措施组合有效、高效地将其解决。

在理想情况下，每个研讨会的成果应该是围绕会议中的关键差距讨论得出雷达图和因果循环图。通过这些图识别出最可能的根本原因和需要解决的限制因素。接下来，核心转型团队将为找出造成差距的根本原因和限制因素举办数次研讨会。其原因有以下几种可能。

- 差距的清单可能相当长，因此需要举行多次会议。
- 由于差距分布在不同的 ADEs 指数维度中，不同的利益相关者可能只会参加与自己相关的维度的讨论。
- 寻找关键差距的根本原因和限制因素需要更深入的讨论，这也意味着需要更多的时间。最好在这个阶段就开始投入这些时间，以确保对根本原因和限制因素的正确理解。这样的时间投入不仅能使团队在这些方面更好地保持一致，而且还能获得更有效的信息来确定适当的对策和解决方案。

这些研讨会的结果是为了在差距和差距的相对优先级、根本原因、限制因素等方面取得一致看法。当核心转型团队汇总每个 ADEs 指数维度的讨论结果时，有必要进行最后的审查，在此过程中要确保以下几点。

- 分析的完整性，即所有高、中优先级的差距都要得到分析，并确定根本原因和限制因素。
- 在所有 6 个维度的差距中使用一致的高、中、低优先级标准。

- 将相似的结论组合在一起（如果适用的话）。
- 在分析根本原因和限制因素时，始终保持相同或相似的标准和深度。

此外，核心转型团队应举行一些跨维度的验证研讨会来完成差距分析工作，解决潜在的冲突，并在可能的情况下达成共识。这些会议的目的还要确保这些差距的系统性特点、根本原因和相互作用的影响都得到适当的考虑。

你可能记得，这些差距最初是与 ADEs 指数的维度相一致的。随着团队在研讨会上进一步讨论这些差距，以及对这些差距更多地了解，可能会出现跨 ADEs 指数的多个维度的独特差距。出于实用性和可跟踪性的考量，此时我们最好将每个独特的差距放入单个 ADEs 指数维度中。

我建议在差距分析审查结束时，就每个独特的差距应该属于哪个 ADEs 指数维度达成某种程度的共识。建议现阶段就基于差距的根本原因所具有的普遍性来建立这种关联。因为你将在第 9 章中看到，如果转型主题在一定程度上与 ADEs 指数维度保持一致，那么将有助于在“转型主题”BTC 要素中制定相应的干预措施。

差距分析是核心转型团队开始进行商业转型画布过渡领域工作之前的最后一个要素。在这个节点上，我们也鼓励核心转型团队与指导小组举行一次评估会议，来展示完成差距分析 BTC 要素之后的关键发现和成果。

- 差距分析要通过自上而下和自下而上两种视角进行。
- 自上而下的视角是通过使用 ADEs 指数量化目标状态和当前状态而发现差距，它可以将差距聚合在 6 个维度中。
- 完成自上而下的分析后，将采用一个更详细的自下而上的视角来识别差距。将差距分为两组，一组包含了阻碍组织实现其当前的商业计划和战略的差距（基准差距），另一组包含了组织当前状态与组织目标状态之间的差距（目标状态差距）。这两组差距都要被记录下来，并进行优先级排序，提供一个高、中、低优先级排序的一般定义。
- 在对差距进行优先级排序后，为高、中优先级的差距确定其根本原因和限制因素，然后将这些差距归入与之相关的 ADEs 指数维度。

第 9 章

THE AGILE DIGITAL ENTERPRISE

完善组织转型主题

能够生存下来的物种，不是最强壮的，也不是最聪明的，而是最能适应变化的。

——达尔文

评判一个人的依据是他提出的问题，而非他给出的答案。

——伏尔泰

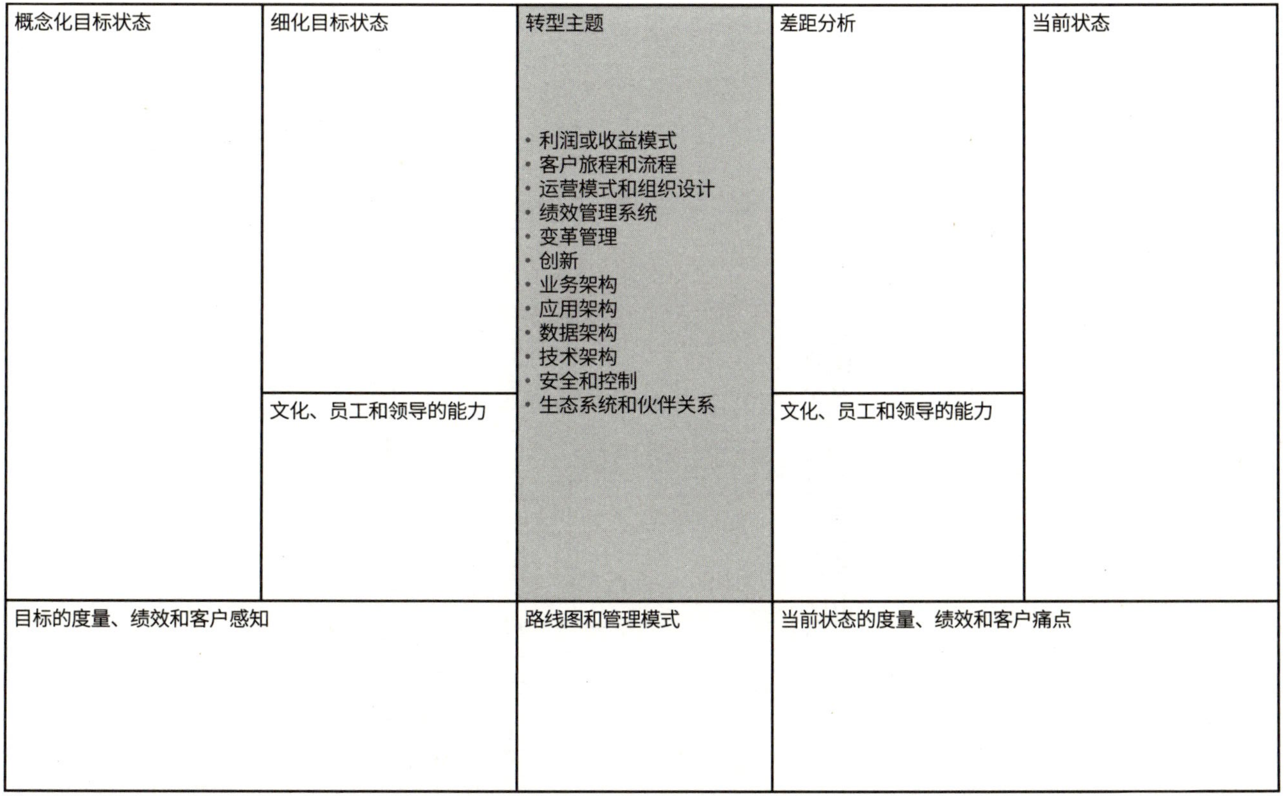

转型主题 BTC 要素及其构件

在完成了差距分析后，我们进入商业转型画布的过渡领域。该领域包含转型主题、路线图和管理模式 BTC 要素。本章将重点讨论转型主题 BTC 要素，它包含 6 个步骤，如图 9-1 所示。

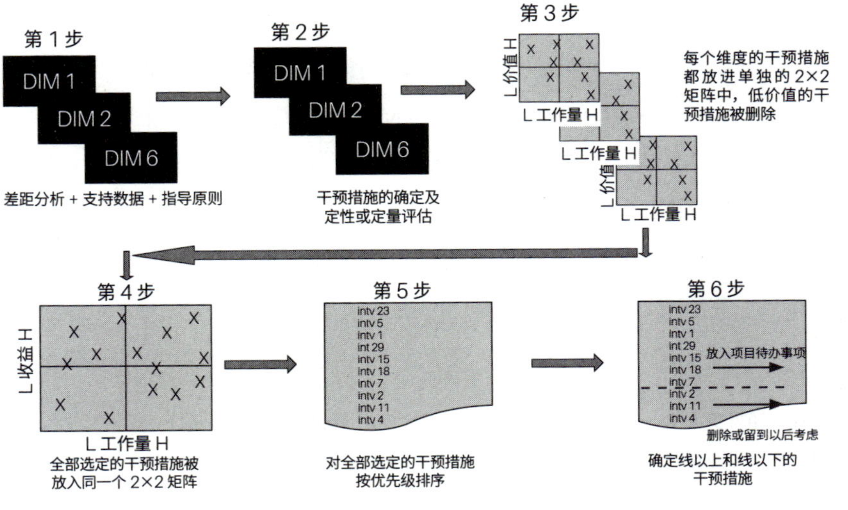

图 9-1　6 个步骤完成确定关键解决方案或干预措施的过程

转型主题的 6 个步骤将指导你的组织从当前状态过渡到目标状态确定必要的解决文案、干预措施组合和优先级排序。

分步骤了解转型主题

第 1 步

第 1 步具有规划的性质，目的是进行适当的准备工作，确保后续 5 个步骤的成功执行。

- 核心转型团队将差距分析研讨会的结果和任何其他支持性数据收集提供给参加干预措施研讨会的团队成员。
- 核心转型团队制定干预措施研讨会期间的基本规则和优先级排序的方法。
- 核心转型团队与更大的团队就影响优先级排序的因素、相关因素的定义和因素权重达成一致。该方法遵循典型的 Pugh 矩阵方法[①]，其中影响优先级排序的因素和这些因素的权重是根据组织的愿景和战略目标来确定的。
- 核心转型团队对影响优先级排序的因素和因素权重提供反馈并批准。
- 核心转型团队还将邀请利益相关者参与进来，就矩阵的两个坐标轴（价值 x 工作量）的定义达成一致。

---

① Pugh 矩阵方法是一种决策分析工具，本书提到的 Pugh 矩阵是由斯图尔特 · 皮尤（Stuart Pugh）发明的一种方法。本书中建议使用加权决策矩阵，这种矩阵将相对重要性的概念添加到优先排序标准中。——编者注

- 在价值轴上，建议不要仅仅考虑经济利益。随着组织决定转变为多利益相关者的视角，非经济利益也同样重要。兼顾经济和非经济利益的一个方法是在价值轴上，使用多因素评分法给每项干预措施打分。
- 要考虑时间驱动的运营型成本（包括实施解决方案所需的人员花费的实际费用、时间的机会成本）、资本支出型的成本（包括资本化的人员成本和资本投资），以及其他方面。例如，如果强调价值实现和速度，可能还需要考虑延迟成本因素。

再次强调，核心转型团队需要在这里组织讨论并仔细考虑，确保采用标准一致的优级排序方法。除定义两个轴的量化性质和机制外，还需要一个步骤，即就价值和工作量两个维度的高（H）、中（M）、低（L）阈值进行讨论并达成一致的定义。

第 2 步

在这 6 个步骤中，第 2 步需要更长的时间和更多的努力。在这一步中，各团队开始构思差距的解决方案。在这个阶段，需要铭记本章开头伏尔泰所说的至理名言，寻找解决方案应该在一个鼓励提出“为什么不”“如果……会怎么样”，以及其他开放的、解决问题类型的方案的环境中进行。

第 2 步需要利用差距分析和 ADEs 指数每个维度的数据做支撑，以便完成以下工作。

- 我们要确定消除每个差距并解决其根本原因的干预措施或解决方案。
- 我们对上述干预方案进行影响分析(源自干预措施预期的定性、定量评估)。
- 我们对所涉及的工作进行初步的评估。

这一步的对最终结果进行定性、定量评估，对每个 ADEs 指数维度中所有潜在干预措施进行确定和量化，同时也要根据第 1 步中确定的标准对干预措施进行评估。

第 3 步

根据核心转型团队提供的关于高、低价值和高、低工作量的指导和定义(第 1 步中)，在每个维度内，将其所有解决差距的干预方案绘制成一个 2×2 的“价值 × 工作量”矩阵(在维度内优先级排序)。

在每个 ADEs 指数维度的 2×2 矩阵图中，剔除那些低价值、价值 / 工作量不利的干预措施，“第一轮”干预措施组合就能够被选出来了。

这一步的最终产出是各 ADEs 指数维度中，只包含最终选定的干预措施的“价值 × 工作量”矩阵图。

第 4 步

现在，我们使用相同的高、低标准，将所有维度的第一轮干预措施组合显示在一个单独的 2×2 的矩阵图中。

核心转型团队发起一个联合协作会议，带着以下目标对组合中的每个措施进行讨论。

- 识别 ADEs 指数 6 个维度的任何的次优干预措施。
- 识别所有干预措施之间的依赖关系。
- 识别干预措施中可能存在的重复。
- 识别那些可以组合的干预措施。

这一步的最终产出是确定 ADEs 指数 6 个维度全部的次优干预措施，并显示在一个 2×2 矩阵中。

第 5 步

根据第 1 步中制定的指导方针，团队现在准备进行跨维度优先级排序，以评估所有干预措施的相对价值。

核心转型小组主持集体研讨会，对干预措施进行评估和优先级排序。

这一步骤的最终产出是经过优先级排序的转型过程后可能采取的干预措施的清单。

第 6 步

这一步需要“划线”，即团队需要确定以下两方面。

- 线以上的干预措施，这些干预措施将被立刻整合到项目待办事项中。

- 线以下的干预措施，即随着项目的进展，这些干预要么被完全删除，要么留待未来分析和考虑。

划线时需要注意以下两方面。

- 我们高度期待线以上的干预措施中包括一些设想型干预措施，这些措施在实施过程中可能仍然需要被试验和验证。项目待办事项和迭代冲刺计划将为它们的验证过程提供支持。
- 我们期待线以下的干预措施中包括一些快赢型的干预措施。这些措施的优先级可能相对较低，但由于它们容易实施并能快速完成，其中一些可能值得一做。这些快赢型的机会实施以后，可以及时地向更大的组织展示转型的成果，有助于为转型创造动力。

评估组织的转型准备状态

使用商业转型画布的过程进行到这一步的时候，由于该过程是透明的，组织对转型的愿景和预期的目标状态已经有了一定程度的了解。在任何情况下，我们都鼓励核心转型团队在实施选定的计划和方案之前，重新评估组织的转型准备程度。这样做的目的是确定在实施计划之前是否有任何重大问题需要解决。

在完成第 6 步之后，应该与转型指导小组举行会议，来评估选定的干预措施组合和它们的优先级排序，并获得反馈、建议和承诺。转型指导小组从战略角度给出的反馈，可能会导致一些干预措施组合或者优先级顺序发生变化。

你还需要记住，**在最初的转型工作中确定的干预措施组合并不是静态的，随着实施过程的推进，它将被调整或增加。**随着一个新兴的敏捷数字化企业慢慢发展成一个更成熟的敏捷数字化企业，将有源源不断的想法、干预措施被添加到项目的待办事项中。同样，如果在转型的过程中环境发生变化，一些干预措施变得不再相关，它们最终可能会被从待办事项中删除。

使干预措施与转型主题相一致

干预措施组合确定之后，下一步是将它们分组到标准化的转型主题要素及其构件中。分组的目的是让干预措施更好地配合相应的主题。从设计角度出发，转型主题 BTC 要素的构件也是以后要实施的解决方案的价值流，这将在细化目标状态 BTC 要素中进一步解释。

接下来，我们将解释与转型主题相关的标准构件。像前文一样，你的组织可以增加其他构件或价值流以捕捉转型的具体需求。

利润或收益模式

- 利润或收益模式实施的价值流包括能提高组织获取价值（这个价值的定义比较广泛，也包括多个利益相关者的价值）能力的解决方案或干预措施。

客户旅程和流程

- 客户旅程和流程实施的价值流包括能通过解决关键的客户旅程及其支持流程中的问题，改善价值主张的交付和客户体验的解决方案或干预措施。

运营模式和组织设计

- 运营模式和组织设计实施的价值流包括能进一步（在更细化的级别上）权衡集中化和定制化的解决方案或干预措施。
- 它们还包括了以提高组织效率为重点的解决方案或干预措施，这将从根本上重新调整组织在汇报关系、责任和职责、人员选拔等方面的设计。

绩效管理系统

- 绩效管理系统实施的价值流包括定义如何管理和评估绩效，以及如何对绩效差异采取行动的解决方案或干预措施。
- 它们还包括部署用于绩效管理的实时监测功能（数字孪生等）的解决方案或干预措施。

变革管理

- 变革管理实施的价值流包括针对组织内的人员的解决方案或干预措施，即强化新的价值体系，确定规范和预期行为（进而促进了新文化的出现），以及建立新奖励制度，提升技能、创新和领导能力。

创新

- 创新实施的价值流包括建立创新流程、度量标准和管理模式的解决方案或干预措施，这些方案和措施将在组织内创建一个强大的创新引擎。

业务架构

- 业务架构实施的价值流包括为了实现产品、服务、价值流组合中必要的变更的解决方案或干预措施，以及让组织拥有实现交付新价值主张所需的其他组织能力的解决方案或干预措施。

应用架构

- 应用架构实施的价值流包括从根本上处理组织的应用层，以便让组织更加敏捷，更好地响应客户需求，并与组织的新战略保持一致的解决方案或干预措施。

数据架构

- 数据架构实施的价值流包括将数据作为组织的核心资产的解决方案或干预措施。这些干预措施涉及数据管理的原则和政策，以及更多战术性的数据管理和干预措施，来确保为组织能够提供广泛的、可用的、高质量的数据，并支持组织生成洞察。

技术架构

- 技术架构实施的价值流包括那些将从根本上改变技术基础设施资产的部署、使用和管理方式，用于帮助企业实现创新、提高敏捷性和达成成本效益目标的解决方案或干预措施。这些解决方案与其他企业架构维度一起专注于消除技术债务。

安全和控制

- 安全和控制实施的价值流包括将提高组织保护自我数据、信息和知识产权的能力，以及创建业务适应力的解决方案或干预措施。它还包括防止或减轻与信息有关的风险和其他业务风险的相关控制措施。

生态系统和伙伴关系

- 生态系统和伙伴关系实施的价值流包括实现预期的生态系统的干预措施或解决方案，以及实现组织计划在生态系统中发挥的作用，并使组织的员工具备必要的合作伙伴管理能力的解决方案或干预措施。

在选择干预措施的过程中需要进行协调

如前文所述，在组合内的干预措施之间，以及在转型主题包含的构件之间，存在着相当程度的相互依赖和协同性，同时还要确保所有优先的解决方案在实施时没有重复或出现差距。此外，基于将组织视为一个系统的基本原则，你应该预计到有许多交互会发生，这些交互会产生一些意料之中或者意料之外的结果，甚至带来新的组织特征。因此，**不同的干预措施虽然聚焦解决特定的问题，但它们不应该被孤立地看待和实施。**

基于上述考虑，一个稳健的合作模式和管理模式是至关重要的。这种模式将确保上述转型主题所包含的各项措施之间要保持适当的沟通、协调和一致。

在你的组织环境中，一些转型主题可能比其他主题更复杂，需要付出更多的努力。因此，在与核心转型团队协商后，在进入实施阶段（将在后文中讨论）时，应仔细考虑分配给每个主题合适的资源。

第 10 章将讨论如何实施并监控干预措施。我们建议在组织向成为敏捷数字化企业转型的过程中，实施过程也要基于敏捷或规模化敏捷的方法和原则。再次强调，转型的基本原则是从转型工作的一开始就按照计划在目标状态下规定的工作方法和行为方式来工作。

- 转型主题要素包含 6 个步骤，充分利用了商业转型画布过程从开始以来所取得的结果，特别是差距分析 BTC 要素的结果。
- 对解决方案从价值和工作量角度进行了分析，进一步分析构成了干预措施的优先级排序的基础。
- 一些干预措施被添加到项目组合的待办事项中。一些干预措施被移除，供未来考虑或补充分析。
- 干预措施应被分配到不同的转型主题中，以便在实施过程中通过特定主题的价值流为干预措施的实施提供更多的焦点。

第 10 章

THE AGILE DIGITAL ENTERPRISE

制定转型路线图和管理模式

合抱之木，生于毫末；九层之台，起于累土；千里之行，始于足下。

——老子

预测未来的最好方法是创造未来。

——亚伯拉罕·林肯

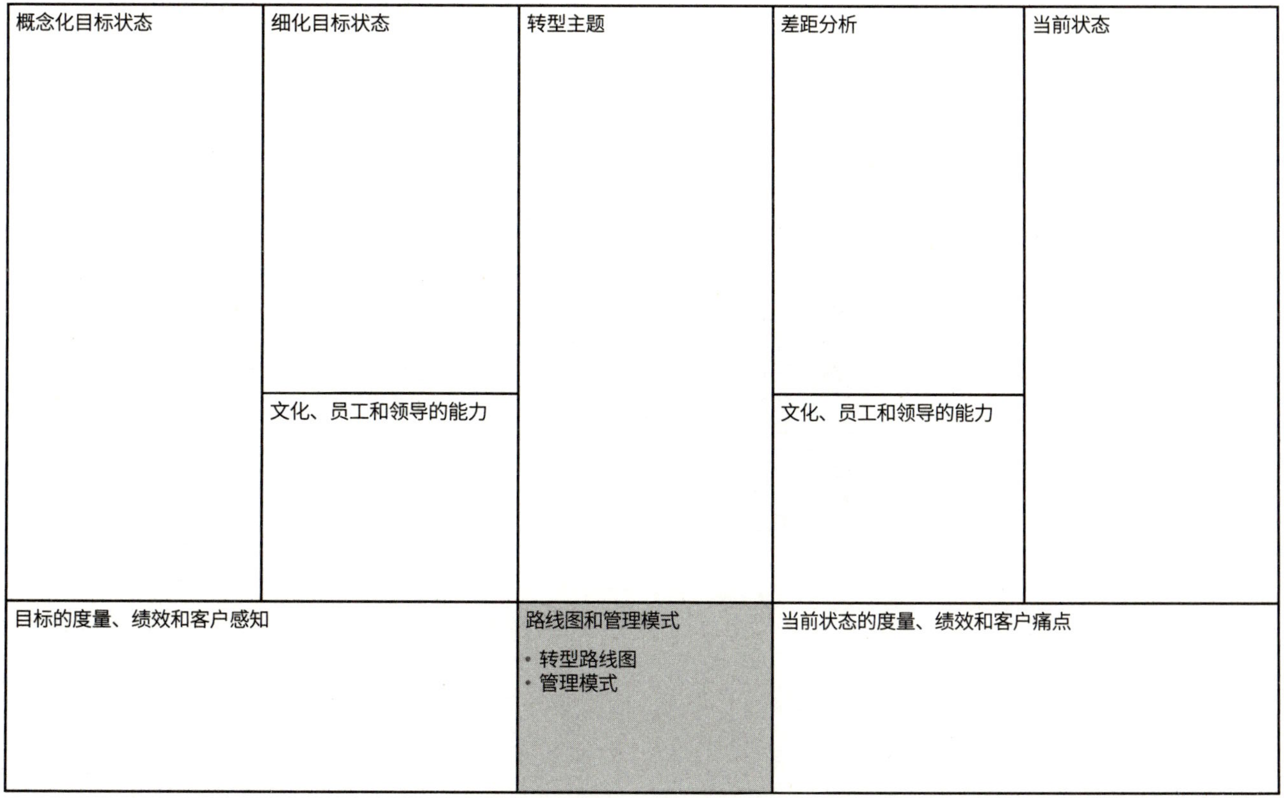

路线图和管理模式 BTC 要素及其构件

在第 9 章中，我们介绍了确定关键干预措施组合的过程。现在，第 10 章将重点讨论如何为干预措施组合和待办事项的扎实执行打下基础，包括提供必要的管理模式以便协调价值实现过程中的跟踪、问责和汇报工作。

4 个步骤为实施转型打下基础

在这个阶段要执行以下 4 个步骤：定义实施价值流；在价值流层面分解项目待办事项中的干预措施；定义项目组合管理团队，定义项目组合层面和单个价值流层面的实施原则、管理方法和流程；定义负责在价值流层面实施干预措施的敏捷团队。

传统的精益方法认为价值流代表了为客户提供价值的端到端的活动流

程。SAFe® 方法[①]对价值流的定义是“价值流表示组织用来构建解决方案的一系列步骤，为客户提供持续价值”。

在 BTC 框架的背景下，价值流将在实施之前确定干预措施。它们符合商业转型画布过渡领域中讨论的不同概念之间的层次结构。图 10-1 提供了这些概念层次结构的视觉化描述。

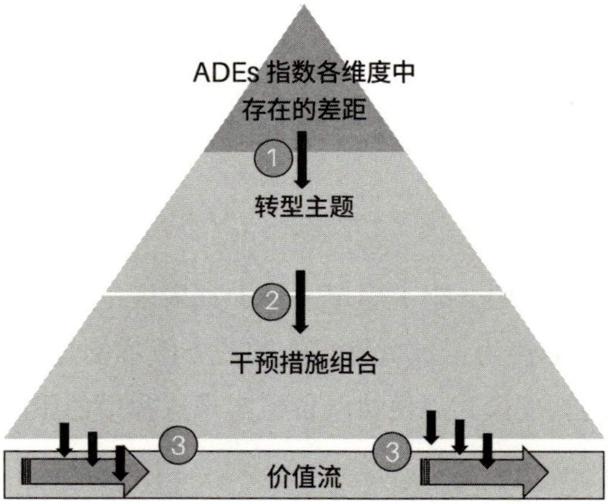

图 10-1 干预措施的层次结构及其分组情况

对这个问题进一步的解释如下：

- 通过使用 ADEs 指数工具，你的组织已经确定了 ADEs 指数不同维度中存在的关键差距。这些使用指数来度量的差距，

---

① SAFe® 方法（Scaled Agile Framework），即规模化敏捷框架，是精益专家迪安·莱芬韦尔（Dean Leffingwell）和德鲁·杰米洛（Drew Jemilo）开发的。这是一个综合平台，包含了一个广泛的知识库，开发团队使用这个知识库来实施敏捷实践，交付成功的软件产品。——编者注

代表了组织当前状态与目标状态之间的距离。

- 通过进一步分析这些差距及其根本原因和限制因素，新的想法和解决方案产生，并按照优先级排序。
- 这些解决方案或干预措施按照一定逻辑被归入不同的变革主题，并与商业转型画布的转型主题要素的构件直接关联。
- 结构中的下一层是价值流。干预措施被映射到价值流中，价值流也为干预措施的实施过程提供了“背景或实施方式”。

同样重要的是，要理解价值流既是干预措施的载体，也是用于实施干预措施的主体。所谓载体，是指最初的一套干预措施将通过端到端的价值流来执行。所谓主体，是指组织的目标状态将由端到端的价值流实施之后的结构来决定，这将是永久性的。

这里要说明的是，转型主题和价值流之间不一定是一一对应的关系。后文中将提到，单个转型主题可能会将其干预措施放入多个价值流。

实施价值流

再次强调，价值流既是干预措施的主体，也是用于实施转型干预措施的载体。干预措施组合的重点是部署关键的组织能力，最终实现企业的愿景。从性质角度区分，价值流分为以下两类：

- 执行型价值流，直接为客户提供价值。
- 使能型价值流，间接为客户提供价值。它扮演着执行型价值流支持者的角色。

除价值流的性质外，它们的作用域也是一个需要考虑的因素。从作用域的角度，价值流可以分为以下两类。

- 特定业务线的价值流，它为特定的业务线（Line of Business，LOB）赋能，并直接（执行价值流）或间接（使能价值流）影响业务线客户。
- 企业级的价值流，它为整个企业赋能，同时也可以被归类为执行型价值流或使能型价值流。

表 10-1 提供了一个实施价值流的例子，其中的“x”表示基于前面提到的因素的排列顺序而选择的价值流。简单起见，表中描述了一个有 2 条业务线和 4 个关键客户旅程的组织。在这个例子中，实施路线图将包含 15 个独一无二的价值流。

你的组织在选择价值流时，可以基于具体的转型需求，选择不同的方法来决定实施哪几个价值流。对于你的组织转型来说，这 15 个价值流中的一些可能不太相关，或者应该与其他价值流合并。

表 10-1 价值流的定义和分类

转型主题	执行型	使能型	特定业务线	企业级	备注
利润或效益模式	x1, x2		x1, x2		
客户旅程 A, B, C, D 等	xA, xB, xC, xD		xA, xB, xC, xD		执行型价值流的数量可能与客户旅程数量一致
运营模式和组织设计		x		x	该例子假设转型的范围是在整个企业内的
绩效管理系统		x		x	
变革管理		x		x	

续表

转型主题	执行型	使能型	特定业务线	企业级	备注
创新	xA, xB, xC, xD		xA, xB, xC, xD		考虑到与客户旅程本身的一致性，此处可以认为是“执行型”
业务架构		x		x	此处也可以被视为特定业务线
应用架构		x		x	此处也可以被视为特定业务线
数据架构		x		x	
安全和控制		x		x	
技术架构		x		x	
生态系统和伙伴关系		x		x	
独一无二的实施价值流数量			6	9	

尽管本章的重点是实施价值流（载体），但敏捷数字化企业会持续地使用价值流方法来获得直接或间接向客户提供价值的能力。当你完成转型成为敏捷数字化企业的初始待办事项和干预措施之后，我强烈鼓励你在整个组织内继续保持价值流导向，特别是客户旅程价值流和其他关键的使能价值流。

这样做的原因是，客户旅程价值流在其使能型价值流的支持下将产生新的机遇，这些机遇将被定期添加到项目待办事项中并进行优先级排序。此外，一个敏捷数字化企业将不断地转型，在最初的转型过程中获得的基本变革能力需保留。这些强大的变革能力将与敏捷工作方法相结合，帮助组织抓住市场上的新变化和客户的新需求。

在价值流层面分解项目待办事项中的干预措施

如前文所述，我建议在转型主题和实施价值流之间应相辅相成。在前文中，我们根据干预措施的性质，把在转型主题 BTC 要素中确定的干预措施与它的构件进行了关联。随着组织进入执行阶段，干预措施组合将被分解到多个实施价值流中。

除两个实例之外，表 10–1 中 15 个独立的执行型价值流完全映射了转型主题 BTC 要素的构件。这里有两个例外情况。

- 转型主题 BTC 要素的“利润或收益模式”构件不直接构成一个价值流。为这个构件提供的解决方案将从价值流本身的实施过程中产生。
- “项目组合管理”价值流不是“转型主题”要素的构件，但它是一个需要在组织中长期部署的重要能力。

此时，我还鼓励核心转型团队深入分析是否存在任务或结果的协同效应，然后基于分析结果，将一些干预措施转移到能更好地释放这些协同效应的价值流中，这种方式对于使能型的干预措施来说尤为重要。

你可能已经注意到，这种分解有一定程度的主观性，也没有标准的对和错。真正重要的是，干预措施被明确地分解到了每个实施价值流中，并处于一个跨价值流之间能够有效协调的环境中。分解过程的核心理念是，无论一个干预措施被分解到哪个价值流，其背后考量的关键因素是确保必要的能力是以综合的、系统的、协同的和协调的方式实施的。图 10–2 说明了上面提到的干预措施分解。

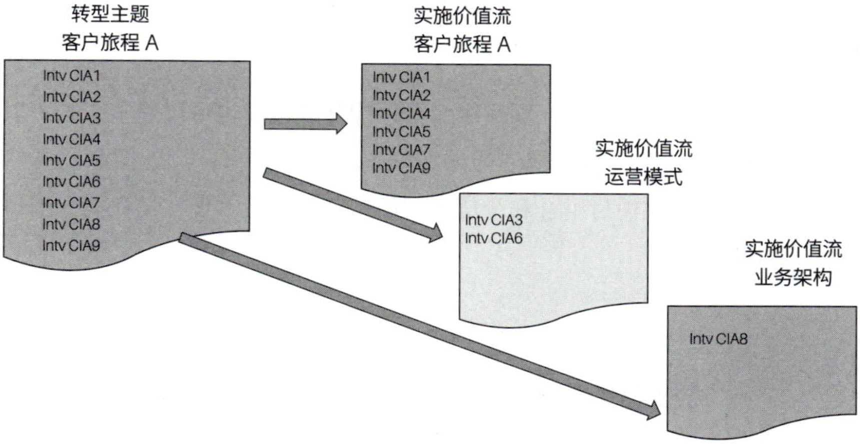

图 10-2 转型主题被分成多个价值流实施协同效应

项目组合管理团队和流程的定义

在前文中，我曾建议设立一个核心转型团队来管理最初的转型探索工作。现在，我想进一步讨论从转型的探索阶段过渡到执行阶段的过程。

高层领导团队对待组织转型工作不应该掉以轻心。许多研究表明，如果以全面实现转型目标作为转型成功的标准，那么转型成功的概率通常不超过 30%。如你所见，对转型来说没有放任自流的空间。

我们建议组织要为转型工作建立一个强有力的管理模式，并建立一个敏捷数字化企业项目组合管理团队（Agile Digital Enterprise Portfolio Management Office，ADEs PMO），向领导团队汇报。该团队将有很强的价值导向，它将积极参与转型的监督、协调和支持中。该团队最初的任务是针对在转型探索阶段制定的一系列干预措施，确定其执行过程中需要的原则、方法和标准、度量标准和管理流程。

然而，值得强调的是，**项目组合管理团队的存在也可以是永久的，以便持续地支持未来不断出现的想法和举措。**在项目组合管理团队的支持下，高管层也将在项目组合和价值流层面指定责任人。现在让我们详细地讨论每个要素。

将核心转型团队转型为项目组合管理团队

在使用商业转型画布的最开始，高管层依靠一个由来自跨部门的专业人员组成的核心团队来支持概念化目标状态的制定，并对组织的当前状态进行深入评估，然后找出关键差距。这个临时小组被命名为“核心转型团队”。随着转型进展到实施阶段，核心转型团队应该过渡为一个管理机构，负责继续实施初始的和后续的干预措施。

在转型工作的目前阶段，核心转型团队所获得的经验和教训已经被记录到转型知识库（SharePoint 网站或其他工具），供更大的转型团队参考。虽然显性知识被很好地记录并掌握了，但一些隐性知识仍然存在于那些从一开始就直接参与转型过程的团队成员的脑海中。

因此，为了更好地保留和使用这些在初始阶段获得的隐性知识，我们鼓励高管层指派核心转型团队的一些成员在项目组合管理团队中担任领导角色。当然，这样的决定也需要考虑核心转型团队成员的领导风格、个人表现、接受挑战的意愿及是否有机会专门为项目组合管理团队工作等因素。项目组合管理团队的领导人确定后，他们将推荐一个由项目经理和主题专家组成的小型团队，负责转型的推进工作。转型是一项全职工作，项目组合管理团队领导和团队成员都应全身心地投入这项工作中。

管理原则

我们强烈建议尽早确定管理原则，用于支持转型干预措施的实施。不出意外的话，这些原则应该与组织的理想价值观和它期望创造的行为保持一致。

确定管理原则的背后理念是以新的思维方式行事。对于转型实施团队（直接）和更大的组织（间接）来说，转型过程本身就是一个很好实践新的行为方式的机会。一开始听起来可能有点像在造假，但我们的大脑确实会更倾向于接受这种方式带来的积极的暗示，逐渐将新的行为方式内化为新的思维方式。

除早期确立的转型指导原则之外，还有以下一些管理原则可供你在转型过程中参考。当然，它们可以被扩展或调整来适应你的组织的具体需要。

- 保持透明和及时的沟通。
- 有紧迫感并倾向于积极付诸行动。
- 明确价值流的责任。
- 对实施价值流的团队成员进行合理授权。
- 干预措施保持同步。例如，为项目群增量（Program Increment，PI）会议确定节奏。
- 对于探索型干预措施，支持资金随着学习或验证里程碑的达成而逐步发放。

管理流程

管理流程需要保持适当的平衡，确保上述管理原则可以在合规性、敏捷性并使团队负担最小的情况下实施。因此，我们鼓励项目组合管理团队在成熟的精益和敏捷方法论的基础上，建立一个轻型但不过于简单的管理流程。基本的管理流程分为两组，包括决策和协调流程与价值实现的跟踪、沟通和报告流程。

决策和协调流程

- 项目组合指导小组评审。
    - 组织一个由高管团队成员参加的项目组合级指导小组评审会议。
    - 项目组合管理团队定义评审会议的节奏或频率、项目组合的度量指标、执行层面的报告。
- 价值流指导小组评审。
    - 组织一个价值流层面的指导小组会议，由跨部门的价值流利益相关者代表参加。
    - 项目组合管理团队定义评审会议的节奏或频率、价值流的度量指标、价值流层面的报告。
- 跨价值流评审。
    - 项目组合管理团队将定期主持会议，协调不同价值流之间的工作，并促进跨越多个价值流的问题的解决。正如我们前面讨论过的，价值流之间存在着相当程度的相互依赖，跨价值流的问题肯定会出现并需要解决。
    - 项目组合管理团队定义评审会议的节奏或频率、跨价值流的度量指标、报告。

- 项目增量会议。
    - 项目组合管理团队将按照一定的频率（取决于组织战略和能力，如每季度一次或更频繁）组织项目增量会议来确定下个周期需要实施的干预型解决方案和“故事”的优先级排序。
- 价值流站立会议。
    - 在价值流的实施上，创建敏捷团队来处理项目待办事项（稍后将详细讨论）。
    - 项目组合管理团队将为敏捷团队提供相关的最佳实践的培训，并为站立会议及其他敏捷的实践提供所需的技术工具。

价值实现的跟踪、沟通和报告流程

- 价值实现的跟踪。
    - 开发具体的工具，以跟踪转型过程中逐渐实现的价值。
    - 在最开始的时候，应该遵循“更快、更简单”的原则。随着绩效管理系统价值流在其范围内取得进展，数字孪生类型的能力也将扩展到项目组合管理团队和实施价值流的团队。
- 沟通。
    - 基于透明和沟通的原则，建立信息库以满足不同受众的需求。例如：
        - 一个项目组合管理团队的成员和高管层所需要的覆盖面更广、更详细的资料库。

        - 一个不太详细，但尽可能全面的资料库，供较大的组织参考和使用。
    - 主动沟通不仅是一个需要遵守的原则，也是一个重要的工具，可以使高管层和转型团队能够对转型过程保持适当控制。
- 报告。
    - 如前文所述，项目组合管理团队将在项目组合管理的各个级别上设置关键指标、仪表盘和报告。

在执行级别建立敏捷团队

路线图和管理模式 BTC 要素的最后一步包括定义敏捷实施团队的数量和组成。价值流负责人在项目组合管理团队的支持下，开始定义需要多少个敏捷团队，并开始选择项目经理、发布列车工程师、产品负责人、Scrum① 主管和 Scrum 团队成员。

以上建议是建立在假设该组织已经熟悉敏捷方法，并已经在一定范围（甚至大规模）的项目中采用敏捷方法之上的。此外，我们还假设在组织内（包括在 IT 部门和整个业务部门、职能部门内）可以找到足够的接受过敏捷培训和有敏捷项目经验的人。

如果以上假设对你的组织不成立，那么就需要协调 IT 部门、项目组合管理团队和人力资源团队进行协作，培训、雇用有敏捷项目经验的专业

① Scrum 是迭代式增量软件开发过程，是敏捷方法中最重要的框架之一，通常用于敏捷软件开发。——编者注

人员，并部署敏捷工具，促使团队取得成功。

然而，我们同样应该牢记，敏捷能力的发展需要在组织内的业务部门和职能部门内广泛推行。作为敏捷数字化企业，敏捷的原则和方法应该是制度化的，不应该局限于组织内有限的几个领域。展望未来，组织将越来越多地跨端到端价值流进行横向工作，因此，需要加强员工对跨职能工作方法的掌握。

在以上情况中，建议使用规模化敏捷框架，即 SAFe® 方法或其他类似的大规模敏捷方法。如果你选择在转型工作中采用 SAFe® 方法来扩展敏捷能力，目前能够在市面上找到大量的参考文献和培训。

界定初始转型的范围

如果你和你的领导团队发现，一开始就在整个企业范围内进行转型会面临很大的风险，或具有破坏性，那么你可以考虑先从企业的一个子集开始。这种方法虽然最终会花费更长的时间，但它同时也创造了一个机会，让你可以用更小的规模和更可控的方式来测试你所期望达到的目标状态（包括它的 15 个构件）。

对于这个最初的转型“试点”来说，最关键的一点是要在端到端的基础上进行，其中一个客户价值流通常是基于逻辑的选择。这个试点的核心思想是，在跨越企业有限范围的端到端的基础上进行一个小型的试点，能够尽可能多地实现类似于企业目标状态的结构和功能。

- 实施价值流是实施干预措施的载体，它包含执行型价值流和使能型价值流两种。价值流可以是针对业务部门的，也可以是企业范围的。
- 价值流是用于实施解决方案或干预措施组合的途径，它也是可以作为长期改进和提升能力的主要方法。
- 为了更好地聚焦并在执行上保持协调，鼓励核心转型团队仔细考虑之后决定哪些干预措施应分配给哪个实施价值流。
- 随着转型工作从探索阶段过渡到实施阶段，核心转型团队的部分成员加入了敏捷数字化企业项目组合管理团队。
- 项目组合管理团队将利用和扩展在转型探索工作中开发的管理流程、标准和工具（路线图和管理模式 BTC 要素），为价值流的实施团队提供相应的支持。

第11章 细化目标状态

THE AGILE DIGITAL ENTERPRISE

天才不过是持久的专注。

——爱尔维修

人非圣贤，孰能无过，过而能改，善莫大焉。

——《左传》

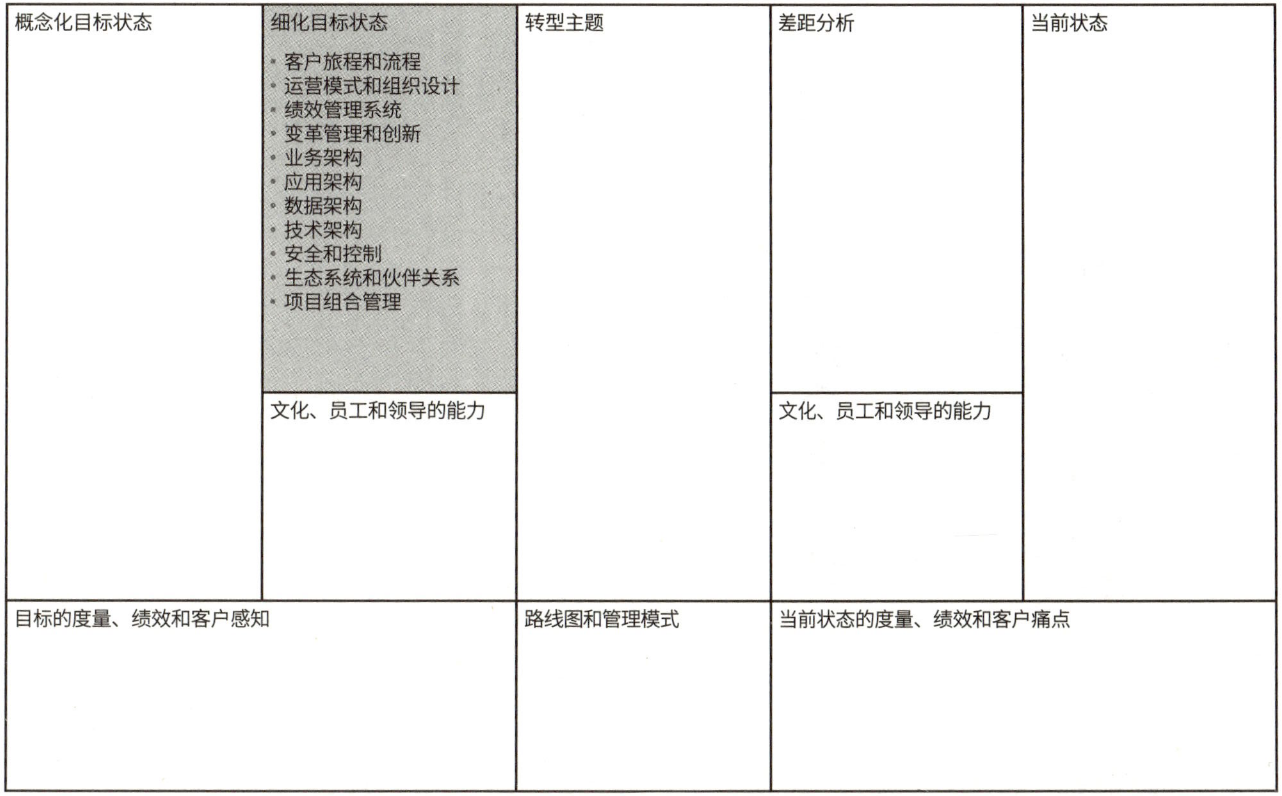

细化目标状态 BTC 要素及其构件

在商业转型画布的转型主题要素和路线图与管理模式要素中定义的干预措施组合是在组织塑造成为目标状态过程中的关键驱动因素。本章将讨论那些在前文中提到的在构件中被定义且按照逻辑组合起来的解决方案或干预措施的实际执行情况。

细化目标状态 BTC 要素与其他 BTC 要素相比，有以下相似点和不同点。

- 相似点是细化目标状态 BTC 要素也有其特定的构件需要被定义。
- 不同点是细化目标状态 BTC 要素现阶段具有可执行性。除此之外它首先有机会可以完善细化最初商业转型画布前 3 个 BTC 要素的高级定义，其次提供了根据需要调整干预措施组合的机会。

正如图Ⅲ-1 所示，我们现在正在研究 BTC 框架的更多迭代特性。

细化目标状态的 11 个构件及基本特征

正如第 10 章所提到的那样，这些构件也充当实施价值流，从项目组合管理的角度反映了如何进行转型。作为提醒，请注意各价值流之间存在显著的相互依赖关系。敏捷数字化企业项目组合管理团队的积极参与对于确保协调、协同和尽量减少重复来说至关重要。

客户旅程和流程

- 客户旅程和流程构件负责实施目标状态的端到端客户旅程及其支持的业务流程，并与目标状态的价值主张、客户体验和其他目标状态相关的构件保持一致。
- 实施客户旅程和流程构件的团队交付的典型工件包括客户旅程图，用于前台和后台的流程，以及后台活动的详细流程图与其相关的标准操作程序。

运营模式和组织设计

- 运营模式和组织设计构件的重点是从宏观和微观两个层面实施标准化的业务流程和新的组织结构。
- 运营模式和组织设计构件定义组织内关键角色的职责（在必要的范围内，以更直接的方式明确角色），并为关键角色选拔人员。
- 运营模式和组织设计构件产出的产品还包括对目标运营模式及其配置和指导原则的描述。

绩效管理系统

- 绩效管理系统构件将在组织各级别的管理团队上部署实时或接近实时的绩效管理功能。它还包括部署管理流程，指导组织人员采用期望的绩效管理行为和实践。
- 绩效管理系统构件产出的典型的产品包括组织各级别的度量指标、操作定义、计分卡、实时仪表盘和其他支持性的绩效管理工具。

变革管理和创新

- 变革管理和创新构件需要与其他构件协同工作，因为它的重点是帮助组织的员工采用新的思维方式、行为、技能和能力（包括分析、敏捷、人工智能）、流程和工作方式、报告关系等。它还负责实施创新流程和部署相关支持工具。
- 变革管理和创新构件产出的典型的产品包括沟通计划、培训材料、跟踪工具、利益相关者管理地图及行为方式的改变等。

业务架构

- 业务架构构件的重点是部署额外的跨产品、跨服务、跨地域和跨业务部门的端到端价值流和能力。
- 业务架构构件产出的典型的产品包括能力、价值流和组织地图。

应用架构

- 应用架构构件侧重于目标应用架构的实施，包括与客户和生态系统伙伴无缝交互的能力。
- 应用架构构件的工作范围还包括部署新的应用架构，以及逐步停用目标状态下不再需要的应用架构。

数据架构

- 数据架构构件的重点是实施数据政策、数据管理框架，以及部署那些能够组织并提取内外部生成的数据的能力。
- 为了与运营模式的决策保持一致，数据架构构件还包括部署跨业务共享的数据仓库和数据湖。

技术架构

- 技术架构构件负责实施帮助组织过渡到其目标状态所需的技术栈的“物理层”。
- 技术架构构件适当地组合了内部数据中心和云计算的功能。

安全和控制

- 安全和控制构件的重点是部署网络安全机制和相关控制，以保护组织的数据、关键流程和资产及知识产权。
- 安全和控制构件还与企业架构相关的价值流紧密合作，生成业务适应性和灾难恢复能力。

生态系统和伙伴关系

- 生态系统和伙伴关系构件负责组建目标生态系统的伙伴关系。
- 除部署生态系统管理模式外，生态系统和伙伴关系价值流还帮助组织的员工具备必要的合作能力。

项目组合管理

- 项目组合管理构件将在组织内部署监督转型项目组合的实施过程所需的永久性管理能力。
- 此外，这种能力也将作为一个卓越中心[①]（以更适合你的组织需求的方式组织，例如集中化、去中心化或混合式）来支持整个企业持续的变革和创新。

如前文所述，细化目标状态 BTC 要素有一个特点，就是可以完善和细化商业转型画布中前 3 个以概念化构件来定义的要素。图 11-1 ～图 11-4 描述了实施转型方案过程中动态进行的双重定义和细化。

首先，除通过实施干预措施使预期的目标状态更加完善和细化之外，你还能够确定哪里需要进一步的完善和调整。为了更好地利用转型过程中到这个阶段为止所学到的经验教训，这些针对目标状态结构中的每个构件的完善和细化操作都是不可或缺的。

---

① Center of Excellence（CoE），卓越中心是一个跨职能的虚拟或实体的组织结构，专注于为组织内的特定领域提供领导力、支持、培训等，旨在推动组织在特定领域内的创新和持续改进。——编者注

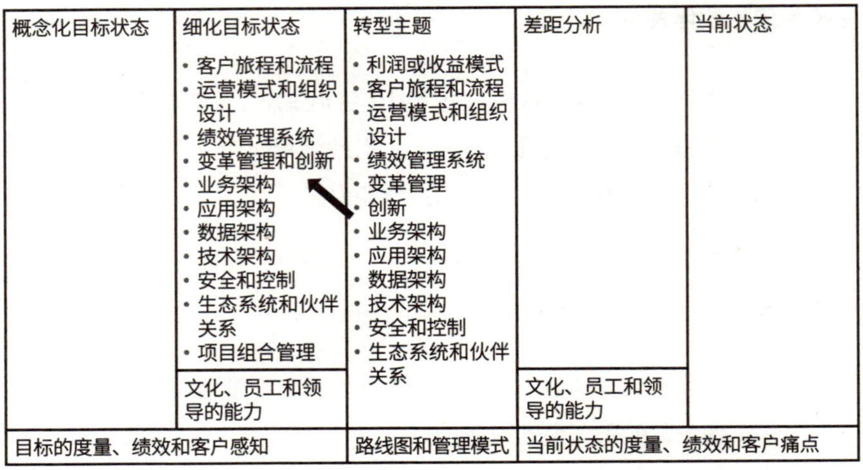

图 11-1 转型主题 BTC 要素中确定的解决方案在反映细化目标状态 BTC 要素中构件的映射

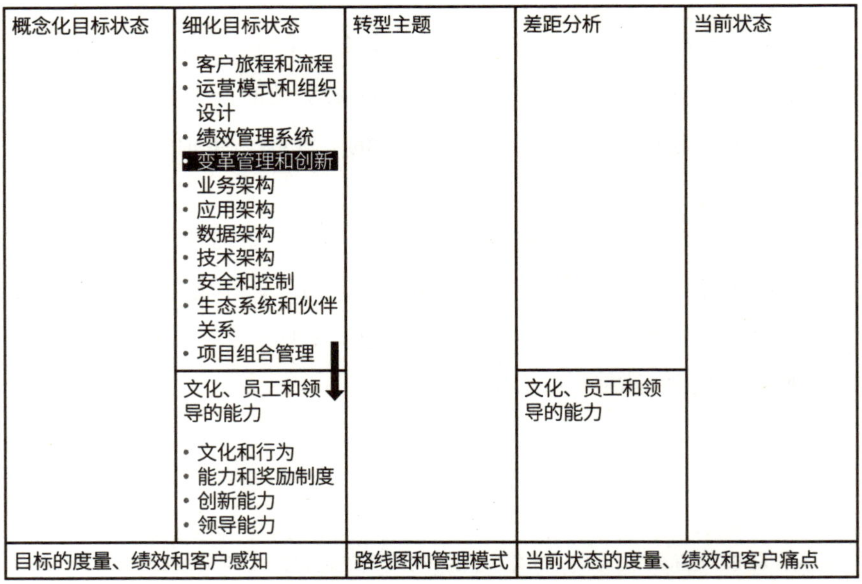

图 11-2 变革管理和创新解决方案的实施完善细化了目标状态的文化、员工和领导的能力 BTC 要素

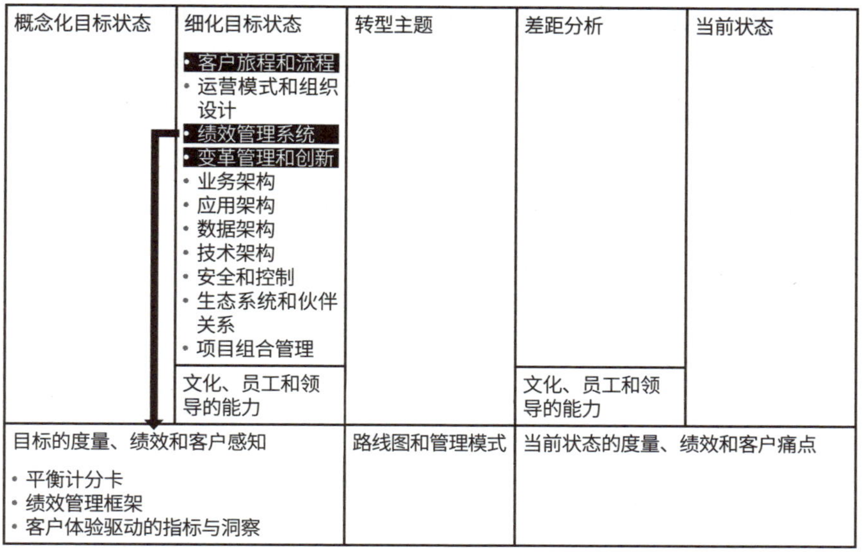

图 11-3 客户旅程和流程、绩效管理系统、变革管理和创新解决方案的实施完善细化了目标的度量、绩效和客户感知 BTC 要素

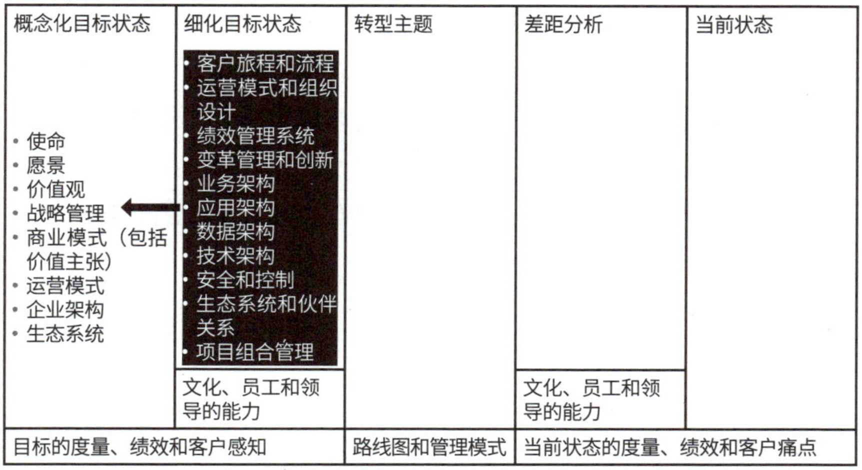

图 11-4 概念化目标状态 BTC 要素的完善和细化可以通过细化目标状态中所有构件或价值流的实施工作直接实现

其次，在实施选定的干预措施期间，可能发生重大环境变化，导致需要调整最初的定义和假设。在你分析这些外部变化并准备做出调整时，可以参考以下两种情况。

- 一些变化可能是根本性的，需要在项目待办事项中增加新的、重要的干预措施。
- 有些变化比较小，因此只需要对已经进行的干预措施进行微小的调整。

在试点范围内实施整套转型构件

如前文所述，如果你和你的领导团队希望在转型初始阶段选择在有限的范围内进行转型，你可能会提出试点的概念。在这种情况下，转型的目标应该是一个跨部分企业的、端到端的小型的试点。为了进一步试验转型，理想的做法是在选定的组织切片范围内实施整套的目标状态构件。

在干预措施正在顺利进行中，你正在稳步地实现最初定义的目标状态的结构。你也清楚地认识到，此时的组织正身处一个动态的环境中，只有通过进一步不断调整组织的构件，才能不断创造并抓住新的机遇。

- 从设计角度出发，随着干预措施的实施，概念化目标状态 BTC 要素逐渐被完善，组织的目标状态也逐渐被细化。
- 早期定义的概念化目标状态是方向性的，而不是规定性的。组织应该对它的完善持开放态度，并根据探索过程中获得的经验和教训对其进行调整。
- 如果在整个企业范围内进行转型风险太大，无法立刻实施，那么领导团队可以选择从一个小型的试点开始。建议将试点建立在端到端的基础上，这样组织的目标状态中所期望实施的基本概念可以在试点范围内进行完整的试验和实施。

THE AGILE DIGITAL ENTERPRISE

第四部分

触发企业的全面转型

活着就是奋斗。

——康德

一个人赢了整个世界，却失去了自己的灵魂，那对他还有什么益处呢？

——《马可福音》8:36

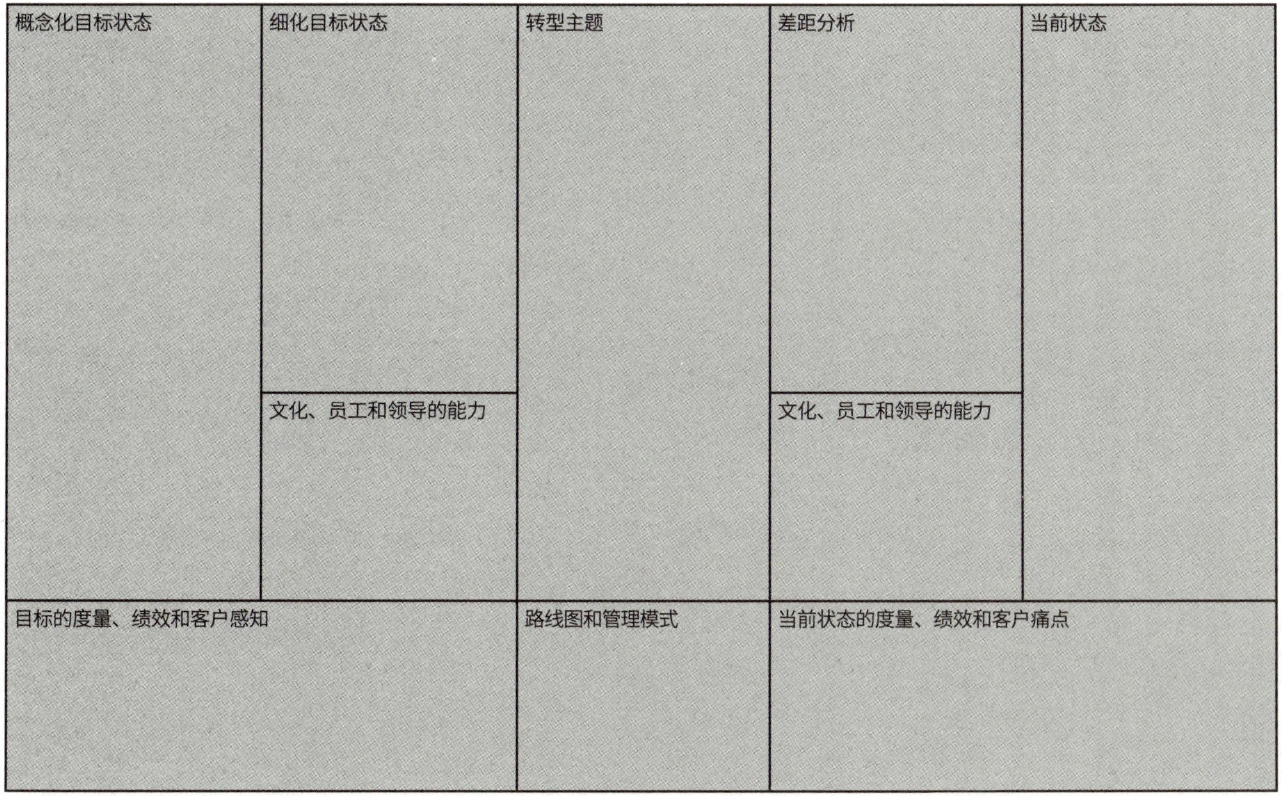
概念化目标状态
细化目标状态
文化、员工和领导的能力
转型主题
差距分析
文化、员工和领导的能力
当前状态
目标的度量、绩效和客户感知
路线图和管理模式
当前状态的度量、绩效和客户痛点

商业转型画布归纳总结

本书的这一部分将包含最后两个主题：一个是总结商业转型画布，指导你的组织如何使用它；另一个是鼓励你的组织抓住新机遇。接下来，我们将进行详细介绍。

第 12 章简要回顾了商业转型画布框架背后的概念及在组织成为面向多方利益相关者的敏捷数字化企业过程中的底层逻辑。此外，它还提供了一些主题，供你在转型时参考。

第 13 章是对行动的号召，也算是本书的结束语，希望你不要被市场上发生的事情或转型工作本身所吓倒。正如前文中提到的，**你应该采取积极、主动的，而不是被动的行动。**希望你的转型工作是在寻找机遇的心态中得到的启发，而非迫于恐惧压力。

第 12 章

THE AGILE DIGITAL ENTERPRISE

"可能成为现实的愿景"才是转型的决定因素

整体大于部分之和。

——亚里士多德

我们必须高瞻远瞩。目光短浅的思维无助于世界。

——玛丽安娜·威廉姆森

概念化目标状态

- 使命
- 愿景
- 价值观
- 战略管理
- 商业模式(包括价值主张)
- 运营模式
- 企业架构
- 生态系统

细化目标状态

- 客户旅程和流程
- 运营模式和组织设计
- 绩效管理系统
- 变革管理和创新
- 业务架构
- 应用架构
- 数据架构
- 技术架构
- 安全和控制
- 生态系统和伙伴关系
- 项目组合管理

文化、员工和领导的能力

- 文化和行为
- 能力和奖励制度
- 创新能力
- 领导能力

转型主题

- 利润或收益模式
- 客户旅程和流程
- 运营模式和组织设计
- 绩效管理系统
- 变革管理
- 创新
- 业务架构
- 应用架构
- 数据架构
- 技术架构
- 安全和控制
- 生态系统和伙伴关系

差距分析

- 利润或收益模式
- 使命和价值观体系
- 战略选择
- 绩效管理
- 以客户为中心
- 员工和领导
- 企业架构

文化、员工和领导的能力

- 文化和行为
- 能力和奖励制度
- 创新能力
- 领导能力

当前状态

- 使命
- 愿景
- 价值观
- 战略管理
- 商业模式(包括价值主张)
- 运营模式
- 企业架构
- 生态系统

目标的度量、绩效和客户感知

- 平衡计分卡
- 绩效管理框架
- 客户体验驱动的指标及洞察

路线图和管理模式

- 转型路线图
- 管理模式

当前状态的度量、绩效和客户痛点

- 平衡计分卡
- 绩效管理框架
- 客户指标及痛点

商业转型画布的 10 大要素和 62 个构件

到此为止，我们已经走完了商业转型画布的整个过程，并审查了商业转型画布的 10 大要素和它的 62 个构件。

本章是对整本书所讨论的关键概念的总结，其目的是帮助你从一个全面和综合的角度了解这个框架。

世界正在加速变革，这种变革对你的行业或业务的颠覆是不可避免的。新晋参与者正在通过创新的、引人注目的价值主张来提升客户体验，抢夺你的市场。此外，大趋势正在从根本上重塑社会、市场、技术和客户偏好等。

通过深入分析这些趋势，领导团队将能找到那些可供组织利用的重大机遇。这些机遇创造价值的潜力将引导组织从整体的角度进行反思，从而对组织进行改造。沿着这个思路，领导团队应该从更广泛的、包含多方利益相关者的角度来看待组织有可能交付的价值及做出的贡献。

一个“探索性”方法的 6 大要点

商业媒体对正在发生的颠覆性变化以及这些变化给想改变现状的组织带来的挑战做出了很多“不太积极”的评价。这类新闻肯定会给社会带来恐惧或绝望，导致组织瘫痪或者其他灾难性的反应。在此过程中，组织可能倍感压力，想要通过迅速采取措施来重新获得一丝掌控。

然而，如果你从机会和潜力的角度，而不是从恐惧的角度出发来思考如何行动并激励和动员你的组织成员，效果将会好很多。这将带来更多的可能性，并让探索过程充满了兴奋。

因此，你的变革公式[①]将在很大程度上取决于在未来极有可能成为现实的愿景，而不是对当前状态的不满。作为领导者，使变革公式的变量成为转型的决定性因素的责任将落在你身上。

对于那些想要在数字化时代中努力保护自己免受冲击或主动抓住数字技术带来的机遇的组织来说，现在不是采取渐进方式的时候。组织应该很清楚地认识到，转型的愿景应该既要鼓舞人心又要大胆创新。

转型过程中为已有的愿景协同奋战

转型工作成功的关键因素就是有效协调。请不要让组织的低速、守旧、阻力等因素导致转型团队缺乏资源、缺乏时间或无法聚焦，进而阻碍转型发展。放任自流在转型过程中不应该有立足之地！

---

① 这里是指由凯茜·丹内米勒（Kathie Dannemiller）开发的变革公式模型。

转型过程中需要考虑到组织是一个复杂的系统

使用商业转型画布的过程中需要认识到一个事实，即组织是一个复杂的系统并遵循自然规律。我们鼓励领导层接受这样的事实：某些转型的结果可能不那么可控，并且会自然地从转型工作本身中涌现。还需要特别注意转型工作中的延迟问题，以防止或大大减小长期的意外后果。

为更大组织的利益进行合作

在转型的过程中，不可避免地要做出艰难的决定和权衡。决策过程中应该遵循的非常关键的原则是以组织的整体利益为重。转型的重点应该放在使组织能够实现其预期使命、愿景、战略目标和文化上。

推进组织的民主化和共创未来

组织的转型工作中需要尽可能多地让组织内的员工参与进来。他们将带来转型必要的专业知识，同时也代表客户需求和挑战、组织内的亚文化等。尽管商业转型画布代表了一个以愿景为导向的转型过程，在这个过程中，高管层在核心转型团队的支持下，定义了组织的概念性目标状态。但这样的定义并不意味着是规定性的，它应该为组织成员的参与和共创留出足够的空间。

更大组织的深入参与不仅将细化概念化目标状态，而且还可能有助于根据整个过程中学到的经验和教训来完善、调整目标状态。

速度是最重要的

考虑到转型是以愿景为导向的，请仔细考虑在管理每个构件时需要投入的时间和资源的深度级别。不要只见树木不见森林，你应该偏向于提升速度。相比迷失在不重要的细节中，速度对转型的成功更加重要。

可能需要外部帮助，但不要稀释责任

转型需要大量的工作，而且在许多情况下，组织无法仅靠自身的人员、能力和专业知识完成转型。所以，你可能考虑引入外部合作伙伴或第三方咨询的支持，以弥补在能力和专业知识上的差距，并在转型过程的讨论中引入一个更公正的视角。顾问为了组织转型成功提供帮助，工作非常努力。然而，需要注意的是，我们不要因为顾问的加入而淡化组织内高管层对结果应承担的责任。核心转型团队，以及后来的项目组合管理团队，都需要建立一套完善的管理方法，以指导转型团队及其他有责任的领导持续跟踪并审查价值实现情况，同时确保顾问履行其合同义务。

既面向未来，也欣赏和尊重过去

在高管层同意进行转型，并决定使用商业转型画布作为框架和工具之后，整个转型过程始于对组织未来 3 ～ 5 年（也可能更久）愿景的展望。我们在这里所说的转型，并不是从修复当前工作中不如意的部分出发的，而是以改善当前状态为驱动的转型。

相反，我们建议组织采取向前看和由外而内的观点，主张花时间深入分析主要趋势。这样的分析将帮助组织在市场上识别和创造新的机遇，即便这些机遇可能需要你从根本上改造组织。

转型的原则之一是欣赏组织当前状态下运作良好的且在未来仍将非常

重要的东西。然而，目标状态组织的愿景也会指出那些在过去运作良好，但与组织的新愿景不再相关而需要抛弃的业务、地域、流程、产品、技术等。你需要公开认可这些遗留资源和资产的贡献，但同时我们需要聚焦未来。

改革不是一次性努力

敏捷数字化企业假设转型和变革准备状态将不断向前发展。为了支持这一概念，使用商业转型画布的过程本身至少以下面 4 种方式进行迭代。

- 你不可能一蹴而就地实现组织的概念化目标状态。你可以考虑设置一些中间状态，让组织在进入下一个级别之前短暂地稳定在某一水平上，以便组织有更充足的时间来适应刚发生的一些变化。
- 组织未来的细化状态将通过对项目待办事项进行多次迭代和对概念化目标状态细化并完善而得到。
- 对市场的持续扫描将要求组织持续地、增量地变革，以适应新的竞争和市场环境。
- 随着行业、市场、技术的重大变化，管理团队可能会决定进入下一个基本的商业转型画布周期，以再次彻底地重塑组织。

商业转型画布的构件可以定制

标准的商业转型画布包含 62 个通用构件。我们清楚地知道其中的一些可能不适用于你的行业、业务或地域。所以请根据你的具体情况自由调整构件清单。

创建 ADEs 指数的概念是为了量化你希望组织的目标状态达到的水平。此外，它还为你提供了一个机制，以便你比较以下两方面的相对差异。

- 目标状态和当前状态之间的差异。
- 目标状态和通用成熟的敏捷数字化企业之间的差异。

开始你的转型旅程

我们通过公正的行为变得公正，通过节制的行为变得节制，通过勇敢的行为变得勇敢。

——亚里士多德

我们决定在这10年间登上月球并实现更多的梦想，并非它轻而易举，而正是因为它很难被做到。因为这个目标将促进我们有效地组织资源和力量并测试我们顶尖的技术和成果，因为这个挑战我们乐于接受，因为这个挑战我们不愿推迟，因为这个挑战我们志在必得。

——约翰·肯尼迪

当我们阅读新闻并反思今天在商界乃至整个社会所发生的事情时，变化的速度和强度往往是势不可当的。商业领袖淹没在来自四面八方的数据和信息中，这让他们不得不退后一步，反思如何能在某种程度上掌控组织的命运。

毫无疑问，许多公司正在采取行动或做出反应，大量的投资正被用于数字化转型。然而，美国数字化银行业软件即服务公司 Kony 公司（已被全球领先的银行系统制造商 Temenos 公司收购）在 4 个垂直行业（银行业、零售业、公用事业和医疗保健行业）进行的一项调查显示，“近 5 万亿美元的投资几乎没有为消费者体验带来任何改善，只有 19% 的消费者认为他们的体验得到了显著改善”。

国际数据公司（IDC）的一项调查也得出了类似的结论，该调查发现，“58% 的组织处于数字化的僵局”。据国际数据公司称，这意味着尽管这些组织努力地转型并实施相关措施，但“他们并没有在实现整体组织数字化转型这一宏大目标方面取得进展。事实上，73% 的首席信息官表示，很难在业务创新和卓越运营之间找到平衡”。

Kony 和国际数据公司的调查报告都阐述了发生这种现象的一系列原因。因此，当你把这些发现与你的组织的现实情况联系起来时，它肯定会让你的领导团队进一步思考你们所面临的挑战的本质。但一定还有别的办法，你不应该被这些数据打败。

总而言之，套用美国前总统肯尼迪的话说，你选择接受转型挑战，不仅因为它很难做到，而且还因为它对你的组织的长期发展成功至关重要。同时，这也是组织里的员工对你的期望。

我希望，对广义价值创造机会的认识，以及拥抱敏捷数字化企业组织系统的热情和决心，将为你、你的领导团队、组织里的员工和你的生态系统合作伙伴注入活力。

衷心祝愿你和你的组织在发挥潜力、实现目标的旅程中一切顺利，早日取得成功！

未来，属于终身学习者

我们正在亲历前所未有的变革——互联网改变了信息传递的方式，指数级技术快速发展并颠覆商业世界，人工智能正在侵占越来越多的人类领地。

面对这些变化，我们需要问自己：未来需要什么样的人才？

答案是，成为终身学习者。终身学习意味着永不停歇地追求全面的知识结构、强大的逻辑思考能力和敏锐的感知力。这是一种能够在不断变化中随时重建、更新认知体系的能力。阅读，无疑是帮助我们提高这种能力的最佳途径。

在充满不确定性的时代，答案并不总是简单地出现在书本之中。“读万卷书”不仅要亲自阅读、广泛阅读，也需要我们深入探索好书的内部世界，让知识不再局限于书本之中。

湛庐阅读 App：与最聪明的人共同进化

我们现在推出全新的湛庐阅读 App，它将成为您在书本之外，践行终身学习的场所。

- 不用考虑“读什么”。这里汇集了湛庐所有纸质书、电子书、有声书和各种阅读服务。
- 可以学习“怎么读”。我们提供包括课程、精读班和讲书在内的全方位阅读解决方案。
- 谁来领读？您能最先了解到作者、译者、专家等大咖的前沿洞见，他们是高质量思想的源泉。
- 与谁共读？您将加入优秀的读者和终身学习者的行列，他们对阅读和学习具有持久的热情和源源不断的动力。

在湛庐阅读 App 首页，编辑为您精选了经典书目和优质音视频内容，每天早、中、晚更新，满足您不间断的阅读需求。

【特别专题】【主题书单】【人物特写】等原创专栏，提供专业、深度的解读和选书参考，回应社会议题，是您了解湛庐近千位重要作者思想的独家渠道。

在每本图书的详情页，您将通过深度导读栏目【专家视点】【深度访谈】和【书评】读懂、读透一本好书。

通过这个不设限的学习平台，您在任何时间、任何地点都能获得有价值的思想，并通过阅读实现终身学习。我们邀您共建一个与最聪明的人共同进化的社区，使其成为先进思想交汇的聚集地，这正是我们的使命和价值所在。

图书在版编目（CIP）数据

成为敏捷数字化企业 /（美）安东尼奥・乌尔奎萨著；管婷婷，徐毅译．— 杭州：浙江科学技术出版社，2024. 10. — ISBN 978-7-5739-1496-5

Ⅰ. F272.7

中国国家版本馆 CIP 数据核字第 2024WT5381 号

书　　名	**成为敏捷数字化企业**
著　　者	[美] 安东尼奥・乌尔奎萨
译　　者	管婷婷　徐　毅

出版发行	**浙江科学技术出版社** 地址：杭州市环城北路 177 号　邮政编码：310006 办公室电话：0571－85176593 销售部电话：0571－85062597 E-mail:zkpress@zkpress.com
印　　刷	唐山富达印务有限公司

开　　本	710mm×965mm　1/16	**印　　张**	15.5
字　　数	235 千字	**插　　页**	1
版　　次	2024 年 10 月第 1 版	**印　　次**	2024 年 10 月第 1 次印刷
书　　号	ISBN 978-7-5739-1496-5	**定　　价**	99.90 元

责任编辑	余春亚	**责任美编**	金　晖
责任校对	张　宁	**责任印务**	吕　琰